DESIGN DRILL

デザインドリル
フォルムコントロールのための"超"BASIC

目次

003　はじめに

004　ドリルに入る前に

004　なぜ、「G」と「L」と記号化するのか
006　セイムレイヤー、G、Lとは？
008　セクションの特徴とG、Lの関係
010　インターナルとエクスターナル
012　ダイヤグラムの描き方

014　ライン編

016　Q1　外切り、内切りでワンレングスをカットしていこう
　　　Q2　コームブラント、フィンガーブラント、コームチョップ、チョップ（浅め・深め）の5種類の切り方で、ワンレングスをカットしていこう
　　　Q3　ロング、ミディアム、ボブで、前上がり、前下がりをカットしていこう

028　テクニックの基本編

030　テクニックの基本編のトレーニングに入る前に
034　Q1　エクスターナルを15パターンカットしていこう
　　　Q2　インターナルを15パターンカットしていこう
050　テクニックの基本編まとめ
052　コラム／クリエイションの楽しみ

054　左手コントロール編

056　Q1　バルーン系5パターンをカットしていこう
068　Q2　マッシュ系5パターンをカットしていこう
080　Q3　グラボブ系5パターンをカットしていこう
092　Q4　フロントからカットした後、バックからカットしていくスタイル3点をカットしていこう
100　左手コントロール編まとめ

102　セイムレイヤー編

104　セイムレイヤー編のトレーニングに入る前に
106　Q1　セイムレイヤーのいろんな部位から、パネルを引き出してみよう
　　　Q2　縦パネル、横パネル、斜めパネルでセイムレイヤーをカットしていこう
116　セイムレイヤー編まとめ

118　デザイン編

120　Q1　G、L、GL、LG、GLG、LGLの6つに分類できますか？インターナルとエクスターナルの構成を描いてみよう
126　前髪のバリエーション

128　メッセージ
130　アドレス

はじめに

この本は月刊『Shinbiyo』2007年1月号〜12月号に掲載されたカット連載「BASICの改革」の内容を一部流用し、大幅な撮り下ろしを加えて1冊にまとめたものです。前作『フォルムレッスンG』『フォルムレッスンL』を遡り、よりBASICな部分に踏み込んだ内容となっています。一言で言えば、左手を徹底的に鍛え、自在にフォルムコントロールができるようになるための本になります。

こういった本が必要だと思ったのは、カットがパターン化している人がまだまだ多く、その結果、カットをマスターするのにあまりにも遠回りしてしまっているという現状があるからです。パターンで覚えてしまうと、100パターン覚えようが、1000パターン覚えようが、それ以上デザインは広がらない。大変だけれどもなるべく早いうちに、カットの「核」となること──GやLの原理、リフティングとオーバーダイレクション、左手コントロール──などをしっかりと身につけることが、その人の美容人生にとって大切であり、今の時代の教育に求められているものではないかと、僕は思っています。

ですから、この本は眺める本ではありません。これを見て、自分で何回もウイッグをカットしてみましょう。大事なのは何度も失敗すること。ウイッグを完成させようなんて思わないでください。そしてカットしたら、なぜ課題のようなフォルムにならないかを、仕上がりをよく見て分析し、反省すること。自分の間違いに気づき、そこを改良していくことで、腕は磨かれていきます。

また、この本では全スタイルにダイヤグラム（カット図）をつけているのですが、それは自分でも描いてほしいからです。ダイヤグラムを描くことによって、フォルムの構造がよりクリアになり、「頭脳」が鍛えられます。僕はこれからのカット教育に、ダイヤグラムは、欠かせないと思っています。

それから、各章のトビラの文字は僕から皆さんへのメッセージです。本当ならば、一人ひとりに付き添ってカットの指導をしたいけれど、そうはできないので、日本中の美容師に向けて、考えたトレーニングメニューがこの本。いわば、読者の皆さんに向けた通信教育です。どの順番でレッスンしたらいいか、皆さんが疑問に思っているのはどんなことか、ボリュームは多すぎないかなど、最後まで本当に悩みながらまとめました。ぜひ、最後までやり通してみてください。そうすれば、きっとカットの力が身についていることに気づくはずです。

植村隆博（**DADA CuBiC**）

ドリルに入る前に

ここでは、この本で使用しているカットの用語や基礎として知っておきたいことについてまとめています。
トレーニングに入る前に理解しておきましょう。

なぜ、「G」「L」と記号化するのか?

この本ではグラデーションのことをG、レイヤーのことをLと表記しています。
最初に記号化する意味、およびメリットについて解説していきましょう。

この本では、重力に従って髪が下に落ちた時に、骨格に対して上が長くて下が短いものをグラデーション、上が短くて下が長いものをレイヤーとしています（詳しくは、P6、7で説明しています）。また、グラデーションのことを「G」、レイヤーのことを「L」と記号化しているのですが、なぜ記号化したのかについて、最初に説明していきましょう。

通常グラデーション、レイヤーと言うと、
1. スタイルを指すとき
  （例　サイドグラデーション）、
2. 状態を指すとき
  （例　アンダーはグラデーションになっている）、
3. 技術を指すとき
  （例　グラデーションの切り口でカットする）
を指す場合があります。しかし、グラデーショ ン、レイヤーというとどうしてもスタイルを思い浮かべやすく、また、今のスタイルはグラデーションとレイヤーが組み合わさって構成されているものが多いため、説明が非常に紛らわしくなります。そのため2の状態を指すときと、3の技術を指すときを、それぞれG、Lと記号化しています。

▼

2、3を記号化

1. スタイルを指すケース

グラデーションスタイル

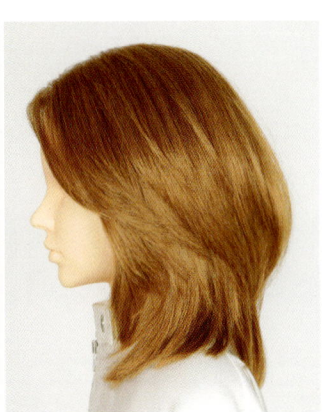

レイヤースタイル

2. 状態を指すケース

オーバー／L（レイヤー）

ミドル／G（グラデーション）

アンダー／L（レイヤー）

3. テクニックを指すケース

G（グラデーション）の切り口でカット

L（レイヤー）の切り口でカット

カットアングル(切り口)における「G」「L」

ここでは、カットアングル（切り口）においてのGとLの定義をしていきます。一般的に、縦にパネルを引き出した状態でGとLを示すことが多いと思いますが、重力に従って考えると、斜めパネルにおいてもGとLは存在します（図参照）。少しでもパネルに傾斜があれば、上下が生まれるのでGとLになります。横パネルの場合は上下がないので、GとLは存在しません。重力によって髪が下に落ちた時、骨格の影響でパネルが積み重なったり、長さの差が生じた時に、はじめてGやLという定義が生まれます。

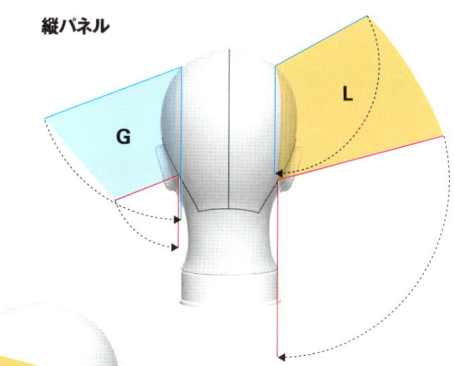

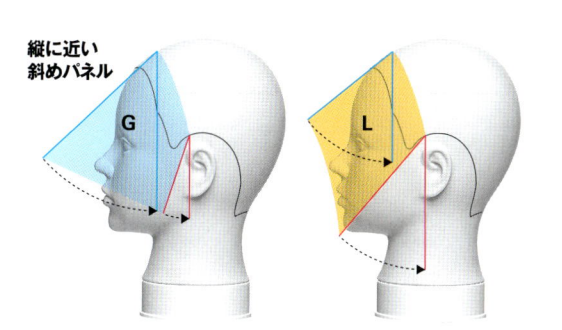

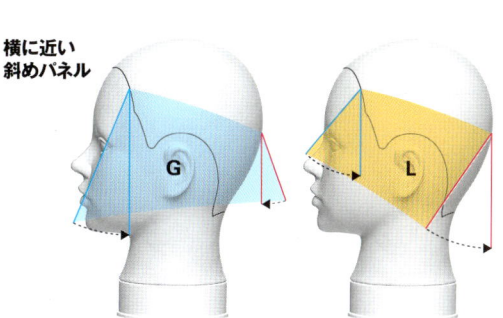

縦パネル

縦に近い斜めパネル

横に近い斜めパネル

こんな間違いをしていませんか?

重力に従って「G」と「L」の定義をすると、GやLでカットしているつもりだったけれども、実は違ったというケースがあることに気づくと思います。「トップにレイヤーを入れているけど、いつも重さが残ってしまう」「顔周りにレイヤーを入れているのに毛束が流れない」という人は、もしかしてLでカットしているつもりが、Gになっていたなんて間違いをしているのかもしれません。この本では、GとLの定義を明確にすることで、そういった思い込みによるカットの間違いをなくしていきます。

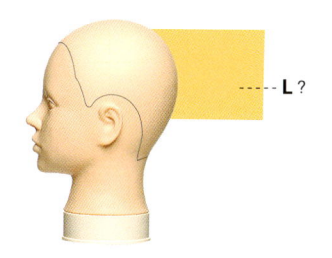

L?

後頭部のパネルを床に対して平行に引き出して、床に垂直にカット。一見するとレイヤーを入れたので全体に軽くなるように思えるが…

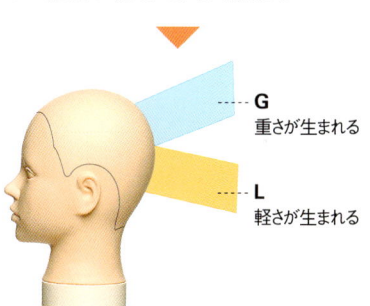

↓

G 重さが生まれる
L 軽さが生まれる

オンベースにパネルを引き出してみると、後頭部の骨が一番出ているところを境に、上がG、下がLになっていることがわかる。そのためトップには重さが残り、下だけが軽くなる。

G?

ネープからパネルを床に対して平行に引き出して、Gのカットアングルでカット。Gの切り口にしたので、Gの状態になっていると思いがち。しかし…

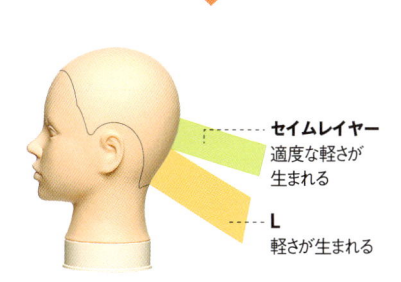

↓

セイムレイヤー 適度な軽さが生まれる
L 軽さが生まれる

カットアングルのGの角度よりも、頭の曲面の角度の方が急なので、オンベースで引き出してみると、上はセイムレイヤー、下はLになっている。

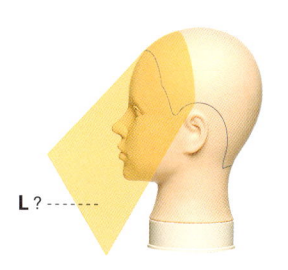

L?

フェイスラインのパネルを前方に引き出して、Lアングルでカット。フェイスラインにはLが入り、軽さが生まれるが…

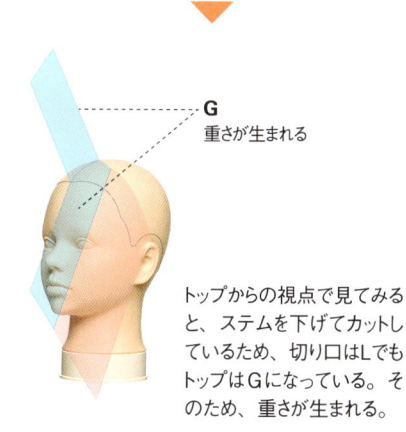

↓

G 重さが生まれる

トップからの視点で見てみると、ステムを下げてカットしているため、切り口はLでもトップはGになっている。そのため、重さが生まれる。

DESIGN DRILL 005

セイムレイヤー、G、Lとは？

ここではペーパーモデルを使って、セイムレイヤーとG、Lの基本的な構造を解説していきます。
GとLについては、前作『フォルムレッスンG』からの流用になります。それぞれの特徴を比較してみましょう。

セイムレイヤーの特徴

セイムレイヤーとは、骨格に対してすべての髪が同じ長さの状態。当然、引き出したパネルの上下は同じ長さになります。骨格のカーブは急なところがあったり、フラットだったり均一ではないので、パネルの長さが同じであっても、部分によって段差が変わってきます。これはトップからフロントの骨格の傾斜にも言えます。Gが重さと丸み、ウエイトをつくり、Lが軽さと動き、形をフラットにするという特徴があるとしたら、その中間に位置するセイムレイヤーは、適度に軽さのある、骨格にそった丸みのある形になります。そのため、G⇒L、L⇒Gとカットする時のつなぎとしてセイムレイヤーを間に挟むことで、滑らかなフォルムにすることができます。

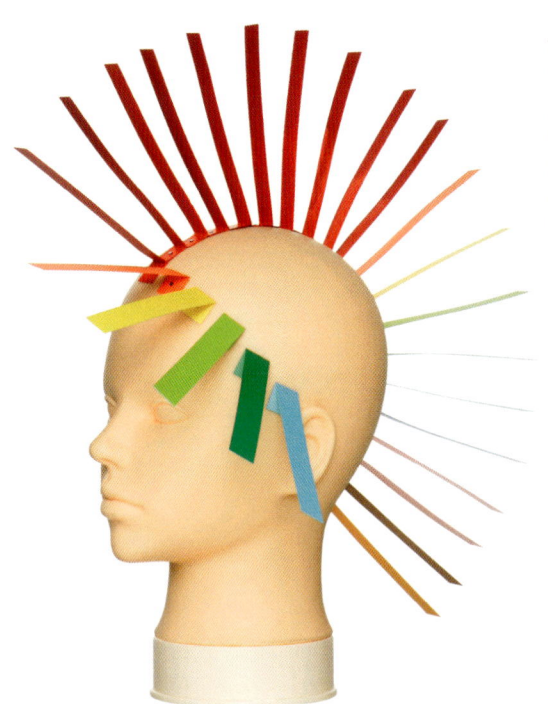

**全体の構成が
セイムレイヤー**

頭全体をセイムレイヤーの構成にして、そのパネルを引き出した状態。すべてのパネルが上も下も同じ長さ、すなわちセイムレイヤーになっている。

**バックセクションで
見た場合**

バックのみを取り出してみた場合。ペーパーをすべて同じ長さで設定しているが、骨格の傾斜の関係で、後頭部の一番出ている部分（★）を境に、パネルのアウトラインの傾斜が逆転しているのがわかる。

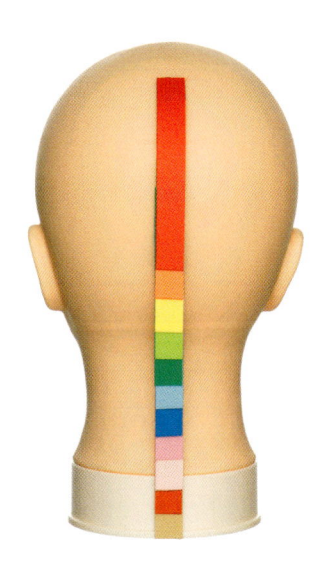

落ちた状態

バックセクションのすべてのパネルを、真下に落としてみた状態。頭のカーブは均一ではないので、パネルは同じ長さだが段差は同じにならない。フラットなところは段差が狭く、カーブが強いところは段差が広くなる。

006　ドリルに入る前に｜BEFORE TRAINING

Gの特徴

Gの形状とは、骨格に対して上が長くて下が短い状態。それでは、垂直面に対して落ちたときには当然、上の毛が下の毛に覆い被さってしまいますが、頭の骨格は傾斜しているため、段差となって現れます。それがグラデーション。すなわちGです。後頭部の最も出ている部分を境に斜面方向が逆転するので、骨格の傾斜に対してどういう角度のパネルでカットするかでフォルムが変わってきます。デザイン上においてのGは重さ、丸さ、ウエイトを生み出す役割を持っています。

全体の構成がG
頭全体をGの構成にして、そのパネルを引き出した状態。すべてのパネルが骨格に対して上が長くて、下が短い、Gの構成になっている。

バックセクションで見た場合
後頭部の一番出ている部分を境に、パネルのアウトラインの傾斜の角度が変わっている。骨格が下を向いている★よりも下の部分は、Gの角度が急激に内側に入っている。

落ちた状態
バックセクションのすべてのパネルを、真下に落としてみた状態。段差はセイムレイヤーに比べると狭いものになる。

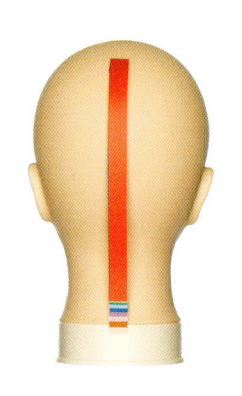

Lの特徴

Lの形状とは、骨格に対して上が短くて下が長い状態。垂直面に対しても、真下に落ちたときには段差となって表れます。さらに、頭の傾斜の位置によってはその段差ははっきりとしてきて、特にオーバーセクションでは、LとGの違いは鮮明となります。GやセイムレイヤーよりもGの幅の広い段差がつく分、ウエイトラインはなく、シルエットは縦長になり、スタイルにおいては、重さを取り除いたり、毛先の動きや毛流れをつくる働きがあります。GとLは、セイムレイヤーを中心にして、性質的に反対にあると言えます。

全体の構成がL
頭全体をLの構成にして、そのパネルを引き出した状態。すべてのパネルが骨格に対して上が短くて、下が長い、Lの構成になっている。

バックセクションで見た場合
Gとは反対に、骨格の傾斜が下を向いている★よりも下の部分は、Lの角度が緩やかになり、骨格の傾斜が上を向いている★よりも上の部分は、傾斜が急になっている。

落ちた状態
バックセクションのすべてのパネルを、真下に落としてみた状態。段差はセイムレイヤーに比べると広いものになる。

セクションの特徴とG、Lの関係

セイムレイヤー、G、Lの特徴は理解できましたか？ 頭は完全な球体ではなく、複雑な形をしているので、同じGでカットしたとしても、セクションによって髪の重なりが変わってきます。ここでは、セクションごとの骨格の特徴を踏まえた上で、各セクションにセイムレイヤー、G、Lをのせたときの段差の違いを見ていきましょう。

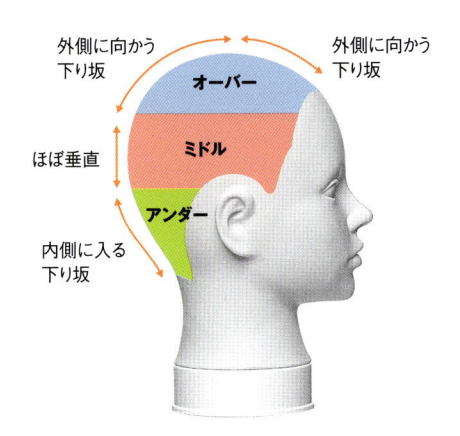

外側に向かう下り坂 / オーバー / ミドル / アンダー / ほぼ垂直 / 内側に入る下り坂

G

オーバーセクションの特徴

弧を描きながら下に落ちる

骨格
- 緩やかに外側に向う下り坂。

髪の落ち方
- 孤を描きながら下に落ちていく。実際には、放射状に広がりながら落ちるので、段差がつきにくいところとつきやすいところがある。他のセクションと比べて、髪の動く距離が大きい。

デザイン的特徴
- ウエイトを構成するミドルにかぶさるため、全体のフォルムの大きさを左右する。

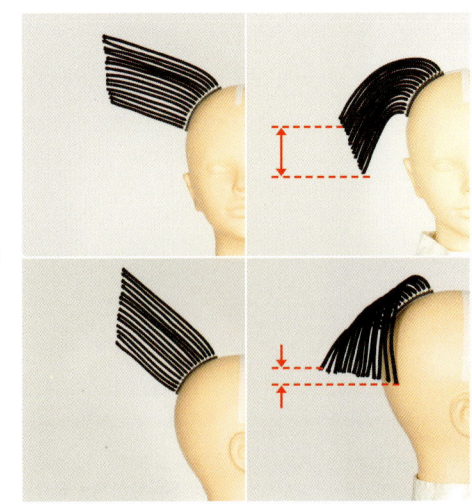

厚みが出るので、頭が四角くなりやすい。また髪が落ちる位置によってはオーバーラップして、フォルムが大きくなってしまう場合がある。

ミドルセクションの特徴

ほぼまっすぐ下に落ちる

骨格
- 床に対して垂直に近い下り坂。

髪の落ち方
- ほぼ直線的にまっすぐ下に落ちる。

デザイン的特徴
- ウエイトがつくりやすい。フォルムの厚みが決まる。

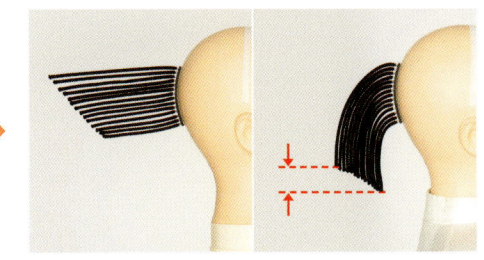

髪がほぼまっすぐ下に落ち、幅の狭い段差がつき、厚みが出てくる。

アンダーセクションの特徴

ほぼまっすぐ下に落ちる / 首との間に空間がある

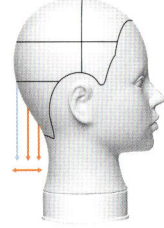

骨格
- 垂直よりも内側に入る下り坂。

髪の落ち方
- ほぼ直線的にまっすぐ下に落ちる。

デザイン的特徴
- アウトラインが決まる。

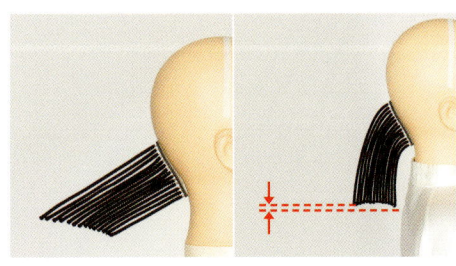

髪はほぼまっすぐ下に落ちるが、骨格が内側に入っているため段差の幅がつきにくく、アウトラインに厚みが出る。

008 ドリルに入る前に | BEFORE TRAINING

セイムレイヤー　　　　　　　　　　　　　L

髪が落ちる位置によって、グラデーションかレイヤーのフォルムに変わる。これは髪の長さが影響しており、短くなるほどレイヤー状に、長くなるほどグラデーション状に見える面積が増える。

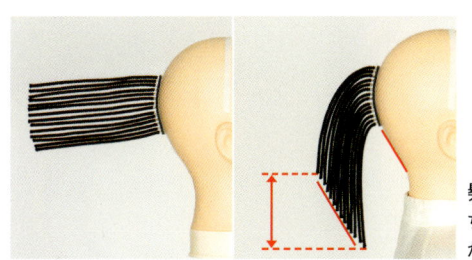

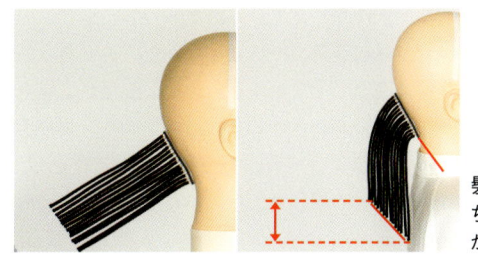

放射状に広がって落ちるが、グラデーションやセイムレイヤーに比べると幅の広い段差がつき、毛先には動きが出る。

髪がほぼまっすぐ下に落ち、頭の形にそった段差がつきやすい。

髪がほぼまっすぐ下に落ち幅の広い段差がつく。アンダーセクションよりも、毛先に動きが出る。

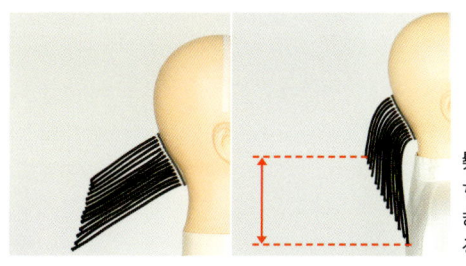

髪がほぼまっすぐ下に落ち、頭の形にそった段差がつきやすい。

髪がほぼまっすぐ下に落ち、幅の広い段差がつき、アウトラインは薄くなる。

インターナルとエクスターナル

この本ではフォルムを、内部構造（インターナル）と外側のフォルム（エクスターナル）の2つに分けて考えていきます。
ここでは、インターナルとエクスターナルとは何かについて理解していきましょう。

インターナルとは？　エクスターナルとは？

ミディアムレイヤー

エクスターナル

インターナル

ショート

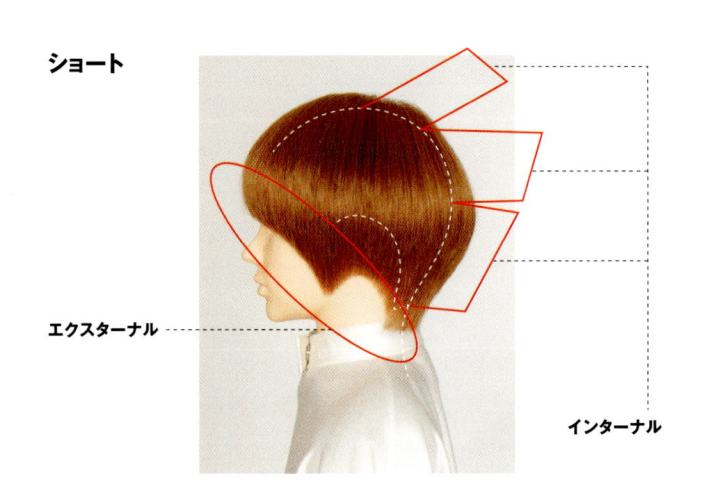

エクスターナル

インターナル

エクスターナルをカットしているところ

インターナルをカットしているところ

エクスターナルをカットしているところ

インターナルをカットしているところ

フォルムは、インターナルとエクスターナルによって構成されています。インターナルとは内部構造、内側の髪の重なりのことを指し、フォルムの厚み、ウエイトを構成しています。エクスターナルとは外側のフォルム、アウトライン全般を指します。フォルムはエクスターナルによって印象がある程度決められ、インターナルによってデザインが劇的に変わります。ですから、この2つを自在にコントロールできるようになることが、フォルムコントロールの鍵となります。

また、この本では、エクスターナルにおいては主に顔周りのラインに注目しています。というのは、他の部分はインターナルとエクスターナルが一致することが多いのですが、顔周りはエクスターナルがLでも、インターナルはGということが多々あり、誤解が生じやすい部分だからです。この本ではインターナルとエクスターナルを分けて考えることで、フォルムの構造をよりわかりやすく解説していきます。

エクスターナルとインターナルを変えることで、フォルムがどう変わるかを見ていこう

ここではエクスターナル3パターンと、エクスターナルをそれぞれ同じにしてインターナルをカットしたものを比較してみましょう。
エクスターナルが変わると印象がどう変わるのか、インターナルをカットすることでフォルムがどのように変化するのか、比較してみましょう。

エクスターナルをカット

エクスターナル／G

エクスターナル／L

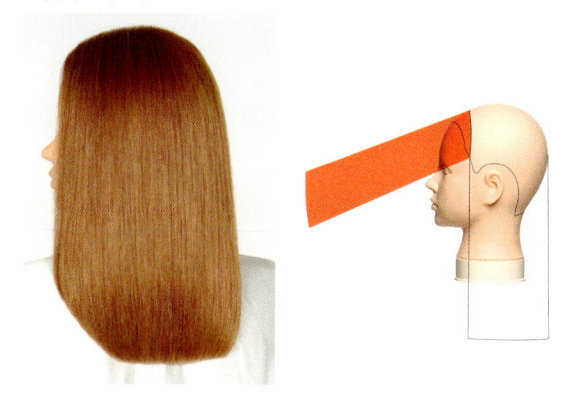

エクスターナル／ハイレイヤー

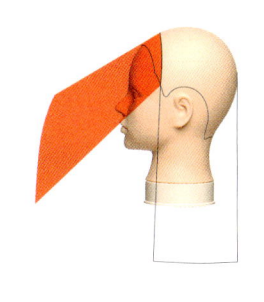

インターナルをカット

オーバーセクションをリフトアップして、Gの切り口でカット

アウトライン前方に段差がつき、エクスターナルが少し削れている。
また、表面にGが入ることで角が削られ、アウトラインに丸さが生まれている。

オーバーセクションをリフトアップして、Lの切り口でカット

アウトラインに段差がつき、前方から見たときのフォルムの厚みが削られ、
シルエットに変化が生まれている。

オーバーセクションをリフトアップして、ハイレイヤーの切り口でカット

アウトラインにかなり段差がつきハイレイヤーを入れた毛先が動きやすくなっている。
またオーバーの厚みが削られAラインシルエットが強調されている。

ダイヤグラムの描き方

ここでは、パネルの構成を考える際にとても役立つ、ダイヤグラムの描き方について解説していきます。
どのようにスタイル分析し、どんな順番でダイヤグラムを起こしているのかを追っていきましょう。

なぜ、ダイヤグラムが必要か？

ダイヤグラム（＝カット図）とは、ヘアスタイルをつくる上での設計図。実際に切る前に、どのようにカットしたらそのフォルムになるのか、構造を考えるためのものです。ダイヤグラムが描けるようになると、お客様がサロンにヘアスタイルの切り抜きを持ってきたときに、それを分析して再現できるようになります。また、自分がイメージしたデザインを、実際にどのようにカットしたらよいかがわかるようになり、的確でスムーズにカットが行えます。実際にヘッドシートに描き出さなくても、カットする前にはダイヤグラムが頭に思い浮かぶようにしましょう。

このスタイルをダイヤグラムに起こしてみよう

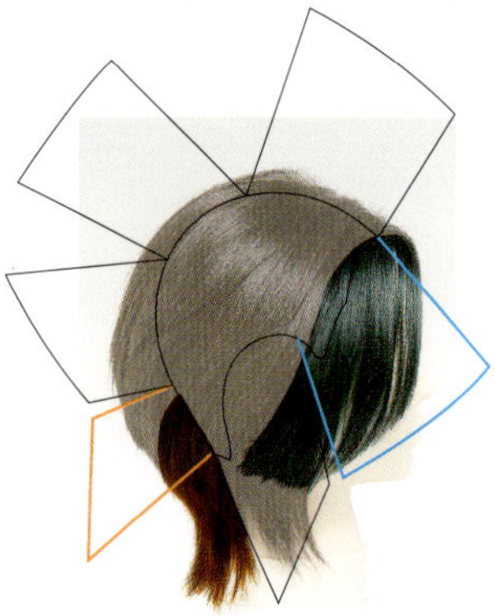

ダイヤグラムを描く上での注意点

ダイヤグラムとは、自分が実際にカットする上で道しるべとなるもの。だから、きれいに描けなくても、自分が理解できればいいのです。ただし、描く際には以下のことに注意しましょう。

1. 切っていく順番と同じところから描き始める。
2. パネルを、自分が持てる幅で考える。
3. （切り抜きのスタイルに対してダイヤグラムを起こす場合）
   落ちている毛束とパネルの長さを合わせる（左図参照）。

※慣れないうちは、毛束の長さを定規で測って、パネルの長さを割り出すとよいでしょう。

スタイルの分析

まずはこのスタイルを分析してみます。基本的にはトップ（トップの動き）、ミドル（ウエイト）、アンダー（アウトライン）、フェイスラインと、4つに分けて考えていきます。

A トップはふんわりとして、動きがある
　➡ トップはL

B 後頭部に丸みがあり、ウエイトがしっかりしている
　➡ ミドルはG

C えり足の毛先がハネている。動きがある
　➡ アンダーはL

D 前から見るとボブ寄りのスタイルに見え、少し丸さがある
　➡ 顔周りにGがかかっている

E くびれがある
　➡ ミドルがGで切られている
　　ミドルからアンダーにかけてGL構成になっている

F 顔周りに空間が空いている
　➡ Gの切り口でカットしている

G フォルムがしっかりある。ウエイトが強調され、流線型のフォルムになっている
　➡ GとLが混ざっている

このスタイルをダイヤグラムに起こしてみよう

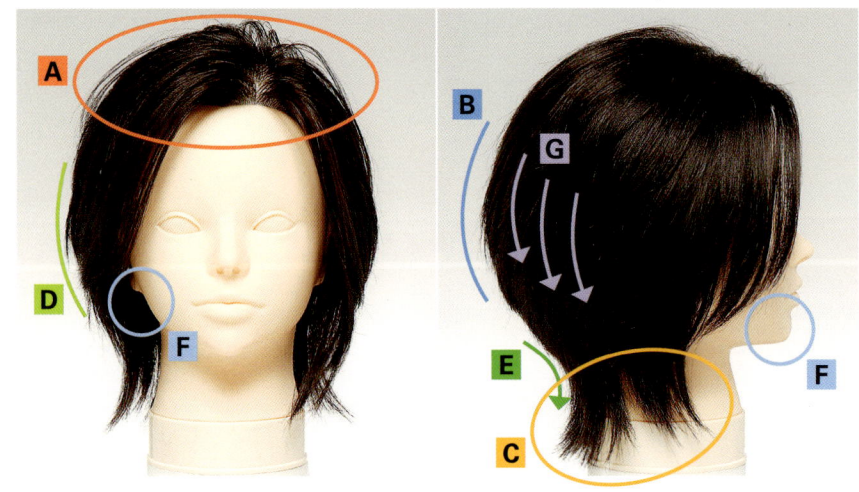

このスタイルを平面図に起こしてみよう

ここからは、実際にダイヤグラムを描いていきましょう。平面図では、顔周りやアウトライン、正中線から、パネルを引き出した状態を描きます。
これらの部分は表面から毛束の長さが見えやすく描きやすいので、まずは平面図からチャレンジしてみましょう。

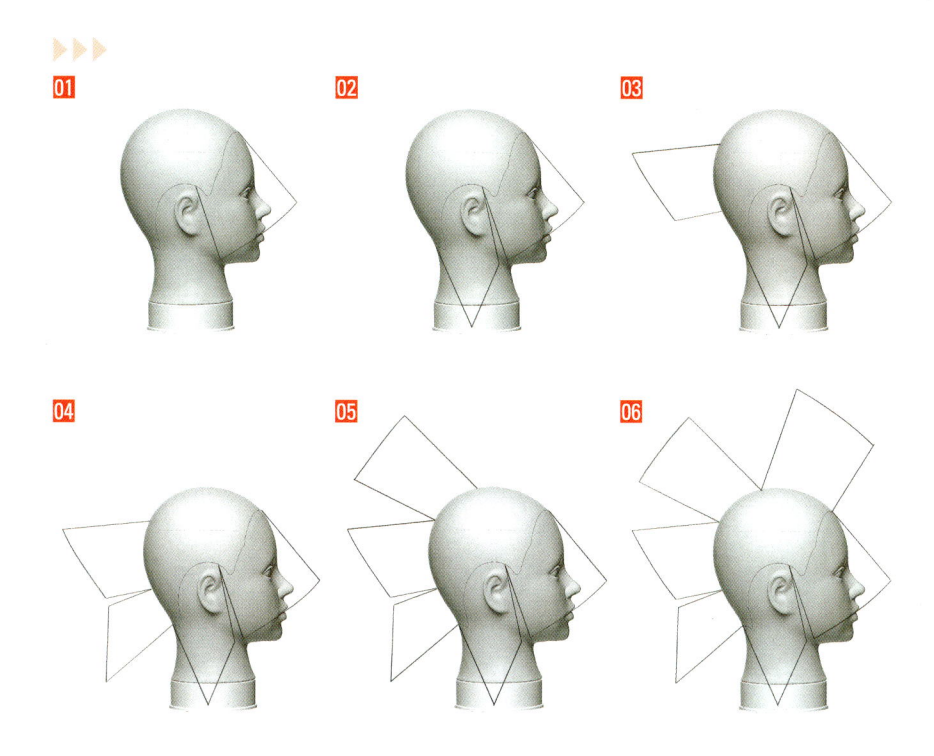

▶▶▶

01 フロントから描き始める。顔周りの長さを確認しながら、軽めのGにする。
02 耳上からネープにかけては顔周りのGとつなげてL状にパネルを描く。写真のアウトラインの長さと合わせること。
03 バックのミドルは、ウエイトの位置を考えながら、Gでウエイトを設定。
04 アンダーはLでミドルとつなげる。
05 トップはウエイトの位置、フォルムの丸みを考えて、セイムレイヤーに近い角度のGに設定。
06 最後にフロントとクラウンをGでつなげる。平面図仕上がり。

このスタイルを立面図に起こしてみよう

平面図が描けるようになったら、その間をつないでいくように立体的にパネルを描いていきます。
立体図をかけるようになると、スライスの取り方やリフトの角度などもわかるようになるので、よりカットのイメージが明確になります。

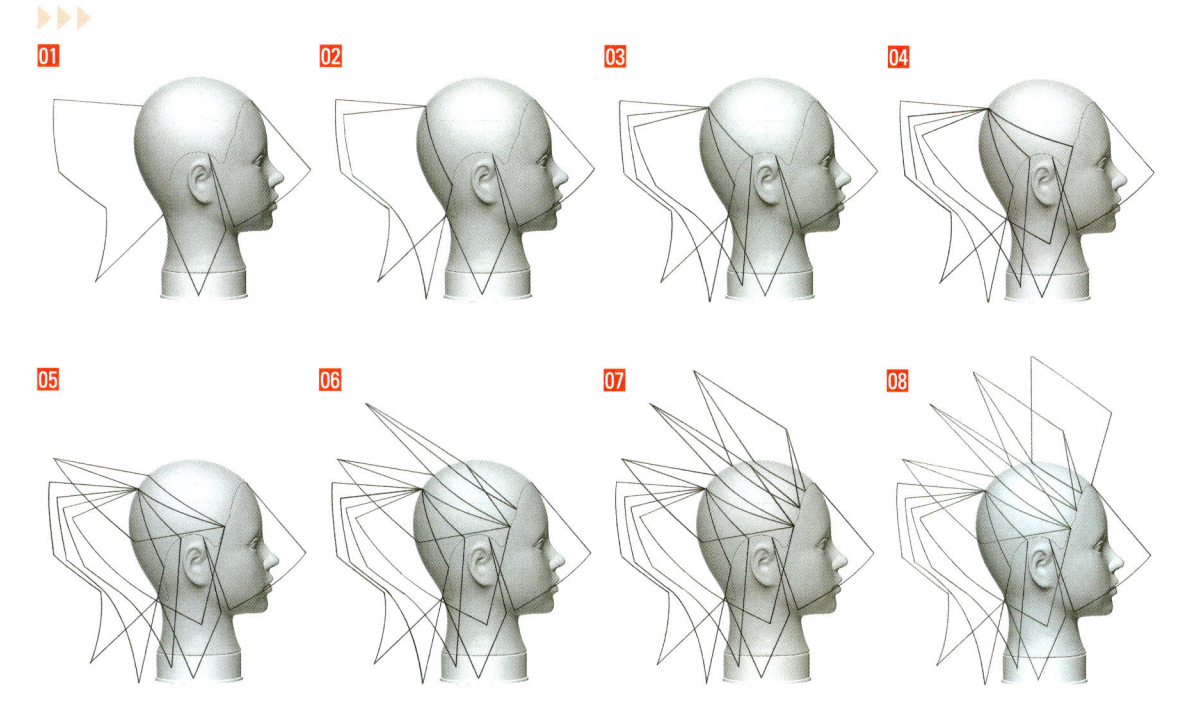

▶▶▶

01 バックの正中線、フェイスラインのパネルを描いた状態からスタート。
02〜03 丸みのあるフォルムにするため、パネルを徐々に斜めにしていく。
04 サイドは横に近い斜めパネルになるようにする。
05〜07 オーバーセクションはパネルをリフトアップし、L状にする。サイドの横に近い斜めパネルと、平面図の際に描いたフロントの正中線の縦パネルの間をつなぐように、徐々に縦に近い斜めパネルにしていく。
08 立体図仕上がり。

DESIGN DRILL 013

ライン編
Line

明日のための……その1

1点に集中して、
手首の力を抜き、滑らかに思い描いた線を切るべし。

まずは、右手を自由自在に操れるようになること

「アウトライン」は、フォルムの中でも重要なパーツであり、自分が思い描いたラインを切れるようになることは、カットの第一歩。ここでは、そんな基本の「基」であるラインについて学んでいこう。はじめに、線というのは点の集合体であるという意識を持つこと。一本の線と考えるとまっすぐなラインしか引けないけれど、点と点をつないでいくと考えれば、どんなにうねっている曲線でも描くことができる。そして、どんなラインでも切れるようになるために、徹底的に右手を鍛えること。カットの構造をコントロールするためには左手が大事だが、作業工程としては右手を自由自在に操れることが重要になる。さらに、集中してラインをカットしていき、バランス感覚を身につけよう。

Q1 外切り、内切りでワンレングスをカットしていこう

▶ 詳しくは **P018** へ

外切り

内切り

ADVICE 外切り、内切りはカットの第一歩。それぞれでカットできるようになったら、切り方によって髪の状態がどう変わるかを確認しよう。

Q2 コームブラント、フィンガーブラント、コームチョップ、チョップ（浅め・深め）の5種類の切り方で、ワンレングスをカットしていこう

▶ 詳しくは **P020** へ

コームブラント

フィンガーブラント

コームチョップ

チョップ（浅）

チョップ（深）

ADVICE
まずは右手を鍛えるトレーニング。人間に対応するときに色々な切り方が必要になるので、ここでしっかりと身につけよう。

Q3 ロング、ミディアム、ボブで、前上がり、前下がりをカットしていこう

▶詳しくはP022へ

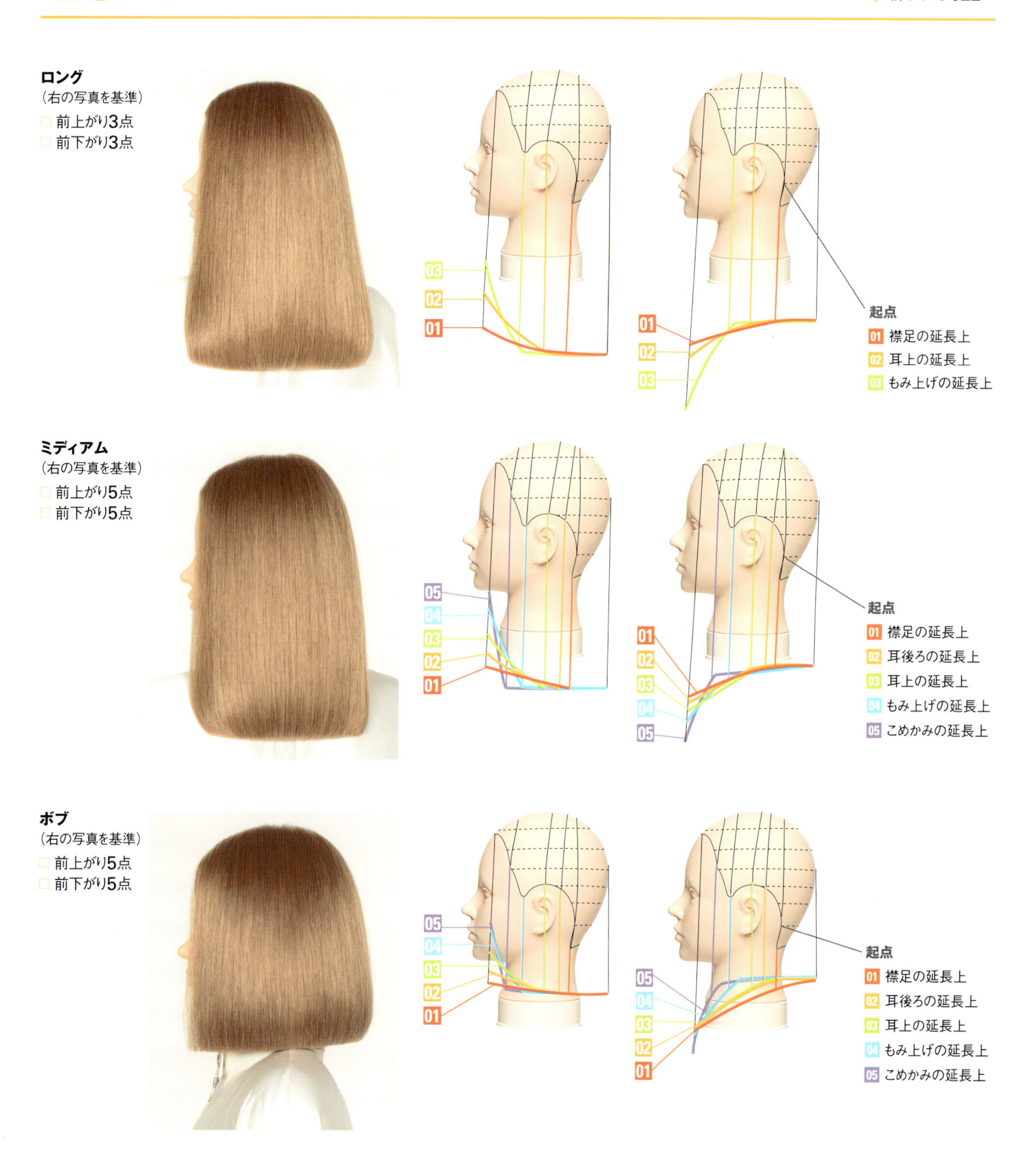

ロング
（右の写真を基準）
☐ 前上がり3点
☐ 前下がり3点

起点
01 襟足の延長上
02 耳上の延長上
03 もみ上げの延長上

ミディアム
（右の写真を基準）
☐ 前上がり5点
☐ 前下がり5点

起点
01 襟足の延長上
02 耳後ろの延長上
03 耳上の延長上
04 もみ上げの延長上
05 こめかみの延長上

ボブ
（右の写真を基準）
☐ 前上がり5点
☐ 前下がり5点

起点
01 襟足の延長上
02 耳後ろの延長上
03 耳上の延長上
04 もみ上げの延長上
05 こめかみの延長上

ADVICE 仕上がりはシンプルだけど、アウトラインのコントロールには高い集中力とバランス感覚が必要。がんばれ！

DESIGN DRILL 017

A1 外切りと内切りで、ワンレングスをカットしていこう

最初のトレーニングは、カットの基本中の基本、外切りと内切りです。
1台のウイッグを半分ずつ、外切りと内切りでカットしていきましょう。

外切り、内切りとは？

カット終了

外切り　内切り

内切り　外切り

外切り

外切りの特徴

外切りとは、髪を指で挟んだら左手の手の平をひっくり返すようにし、指の上にシザーを滑らせるようにしてカットしていく方法。静刃が指の上にのり、そこを基準に切り進めることができるので、ラインがぶれにくくなる。そのため、カットを初めて学ぶ場合は外切りを練習するとよいでしょう。特徴として、アウトグラ（外側の髪が内側よりも短くなる）がつくため、外にはねやすくなる。

▶▶▶

01 ネープからカット。パネルを指で挟んだら、左手の手の平をひっくり返すように持ち、指の上を滑らせるようにカット。

02 同様に横パネルで、上に切り進む。左手が肩の上で固定され、さらに静刃が指の上にのるため、ラインがブレにくくなる。

切り上がり後、ドライ

外切り　内切り

内切り　外切り

内切り

内切りの特徴

内切りとは、髪を指で挟んだら手の平を下にして持ち、シザーを内側から斜めに入れてカットしていく方法。この際にパネルを持ち上げやすいので、リフトダウンして切ることを心掛けよう。また、内切りの場合、動刃が内側になり肩に当たりやすくなる。そのため、ラインがブレやすいので、ハサミを大きく動かさず、小刻みに動かすとよい。また、特徴としてイングラ（内側の髪が外側よりも短くなる）がつくため、内巻きになりやすい。

▶▶▶

01 指でパネルを挟んだら、左手の手の平を下に向けてカット。この際、リフトダウンして、シザーを少し斜めに傾けると切りやすい。

02 同様に横パネルで上に切り進む。内切りの場合、動刃が内側にくるので肩に当たってしまう。そのためラインがブレやすいので、ハサミを小刻みに動かしてカットすること。

ここでは、これを身につけるべし!
カットの基本「外切り」と「内切り」をマスターすると共に、きれいなワンレングスを切れるようになろう。また、シザーの特徴である動刃と静刃を理解すること。さらに、オーバーは髪が自由に動くゾーンなので内切りで切ることは無意味だが、アンダーやネープは髪がそのまま下に落ちるので効果があるなど、骨格の性質を確認しつつカットしよう。

03 そのまま頭の丸みにそって、毛束を真下に引き出しカットしていく。

04 肩上もパネルを真下に引き出し、指によって固定しながらカットする。

05 フロントまで切り進む。

06 トップまで同様にカットしていく。トップは長さがあるので、肩の上の部分はややリフトアップしてカットする。

07 そのままフロントまでカット。

03 そのまま前方に切り進む。

04 肩に当たる部分の髪は、前方に毛束を引いてカット。こうすることで、今切っているパネルの内側の髪が出てくる。内側を切ることでさらにイングラがつき、内巻きになりやすくなっている。

05 サイドは、前方に毛束を引くと前上がりになってしまうので、真下に引き出してカット。

06 その上のセクションも同様に、やや前方に毛束を引いてカットし、内側の髪を削ってイングラをつけて、内巻きになりやすいようにする。

07 フロントまで切り進む。

A2 5種類の切り方でワンレングスをカットしていこう

外切り、内切りでカットできるようになりましたか？ 次のステップとして、
コームブラント、フィンガーブラント、コームチョップ、チョップ（浅）、チョップ（深）の5つの切り方で、ワンレングスをカットしていきましょう。

5種類の切り方

コームブラント

フィンガーブラント

コームチョップ

コームで髪を押さえ、ノーテンションで、自然に髪が落ちる位置でカットしていく。仕上がりは、曲がることなくきれいな1本のラインになる。5パターンの中で、一番きれいなラインが引ける切り方。

指で髪を挟み、均一なテンションをかけてカットしていく。指には細いところと太いところがあるので、それに合わせて切っていくと、ラインに波ができやすくなる。クセが強くてコームブラントでカットできない人の場合、このようにカットしていくとよい。

ノーテンションで髪を押さえながら、ハサミを髪に対して縦に入れ、刃先を使ってカットしていく。コームブラントと比較すると毛先が柔らかくなり、ほんのりと丸みのあるアウトラインになる。クセや毛流のある人間でアウトラインをカットする場合、コームチョップでカットしていくことが多い。

ここでは、これを身につけるべし！

同じワンレングスでも、切り方が異なると表情が変わってくる。ここで紹介している5パターンは、人間をカットしていくときに必ず必要になるので、それぞれの特徴を理解した上で、どれでもカットできるようになること。フォルムは左手、ラインは右手でつくるもの。まずは右手を鍛えるトレーニングをしていこう。

チョップ（浅）

髪を左手で挟んで、コームチョップ同様、刃先を使ってカットしていく。コームチョップよりも、毛先の刻みが深くなるので、アウトラインがさらに柔らかくなる。クセが強く、コームで押さえられない人の場合、このようにカットするとよい。

チョップ（深）

さらに刃先を毛先に深めに入れてカットする。5パターンの中で、最もアウトラインが柔らかく、軽くなる。柔らかいラインを出したい場合、ブラントでカットしてセニングを入れていくよりも、最初からこのようにカットしていくと合理的である。

なぜ、様々な切り方を身につけた方がよいのか？

ここでのトレーニングは、人間に対応するために必要になってきます。人間の場合、髪の太さ、うねり、クセ、求められるデザインなどすべて異なるので、それに合わせてカットしていかなくてはなりません。例えばクセが強くてテンションをかけないとラインが切れない人、カッチリとしたラインは苦手で、柔らかい印象にしたい人など、状況やニーズは様々です。それらに応えていくためには、ここで紹介している様々な切り方を使い分けることが必要になります。この5つのパターンをウイッグでキレイに切れるようになったら、素材を学び、お客様によって、どの切り方でカットしていったらよいかを判断できるようになりましょう。

A3 ロング、ミディアム、ボブのアウトラインを何パターンもカットしていこう

イメージしたレングスを確実にカットできるというのが、フォルムコントロールの第一歩になります。
そのために、様々なラインが切れるようになるためのトレーニングをしていきましょう。

ロング

前上がり

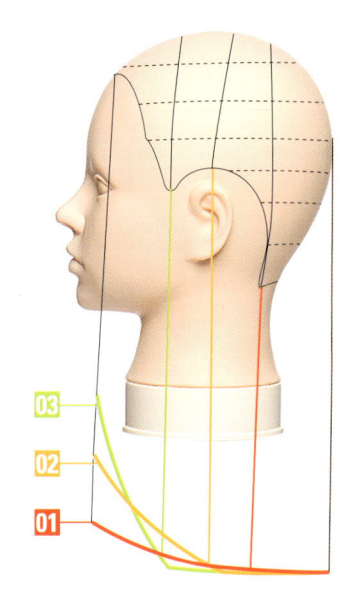

01 襟足の延長上からの緩やかな前上がり

02 耳上の延長上からのやや急な前上がり

前下がり

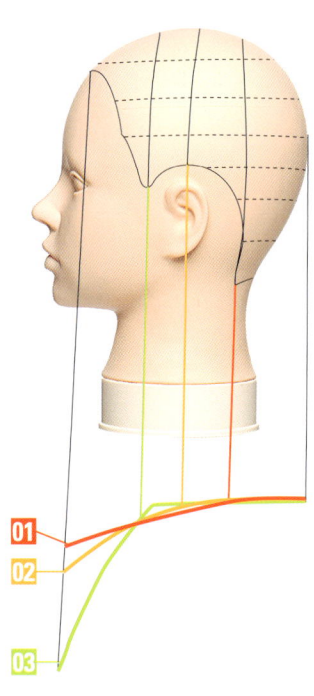

01 襟足の延長上からの緩やかな前下がり

02 耳上の延長上からのやや急な前下がり

ロング水平
肩下20センチのワンレングスのロングを基準とし、前下がり、前上がりを展開している。

ここでは、これを身につけるべし！
ロングのアウトラインは、頭皮からカットラインまでの距離が長い。そのため、コームブラントではラインがブレてしまいやすいので、フィンガーブラントでカットしていこう。ただし、フィンガーブラントの場合、P20でもお伝えした通り、指の谷間のラインが出やすいので、なるべくパネルを小さくとって、均一にテンションをかけカットしていこう。

03 もみ上げの延長上からの急な前上がり

03 もみ上げの延長上からの急な前下がり

アウトラインの緩やかなものは距離を長く、急なものは距離を短く

ここでは、襟足や耳上の延長線上などヘアラインのポイントを基準に、前上がり、前下がりのバランスを比較していきましょう。基準として分け取った位置からカットすると、全体のバランスがイマイチになるものは、若干基準とずらしてラインをカットしています。

バランスの取り方として、ロング、ミディアム、ボブに共通して言えることなのですが、アウトラインの角度が緩やかなものは、(前上がり・前下がりにする) 距離を長く、アウトラインの角度が急なものは距離を短くしています。例えば、緩やかな前上がり (01) は、襟足の延長上から前上がりにしています。一方、急激な前上がり (03) はもみ上げの延長線上から前上がりにしていて、ワンレングスの距離の方を長く取っています。前下がりでも同じことが言え、この方が美しいバランスになります。

ここでのトレーニングではこういったバランス感覚を大切にして、ただまっすぐラインが引けるようになることではなく、様々なラインが引けることを目標にしましょう。

A3　ロング、ミディアム、ボブのアウトラインを何パターンもカットしていこう

ミディアム

前上がり　▶▶▶

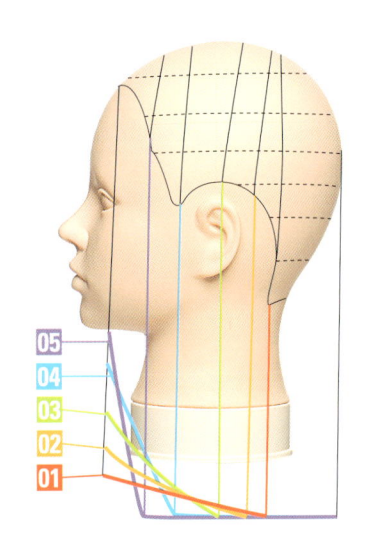

01 襟足の延長上からの緩やかな前上がり 　　02 耳後ろの延長上からの前上がり

前下がり　▶▶▶

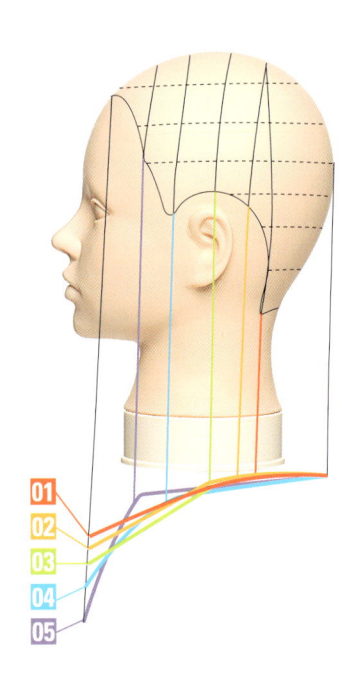

01 襟足の延長上からの緩やかな前下がり 　　02 耳後ろの延長上からの前下がり

ミディアム水平
肩下10センチのワンレングスを基準とし、前下がり、前上がりを展開している。

ここでは、これを身につけるべし！
ロング、ボブに比べて、ミディアムは一番バランスを取りにくいレングスなので、バランス感覚が鍛えられる非常にいいトレーニングになるはず。また、ミディアムだと、頭皮からラインまでの距離が短くなってくるので、コームブラントでも、フィンガーブラントでもどちらでもコントロールできるようになろう。

03 耳上の延長上からのやや急な前上がり

04 もみ上げの延長上からの急な前上がり

05 こめかみの延長上からの非常に急激な前上がり

03 耳上の延長上からのやや急な前下がり

04 もみ上げの延長上からの急な前下がり

05 こめかみの延長上からの非常に急激な前下がり

DESIGN DRILL 025

A3　ロング、ミディアム、ボブのアウトラインを何パターンもカットしていこう

ボブ

前上がり

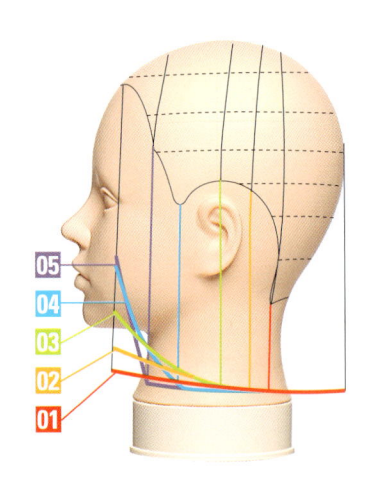

▶▶▶

01 襟足の延長上からの緩やかな前上がり

02 耳後ろの延長上からの前上がり

前下がり

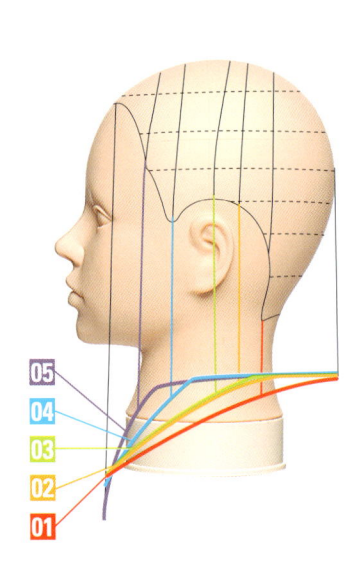

▶▶▶

01 襟足の延長上からの緩やかな前下がり

02 耳後ろの延長上からの前下がり

ボブ水平

肩にギリギリつくくらいのワンレングスを基準とし、前下がり、前上がりを展開している。

ここでは、これを身につけるべし！

レングスが短くなればなるほど、左右の違いが出やすくなるので、1パネルずつ左右のバランスを確認しながら切り進むこと。ボブは比較的慣れているレングスだと思うので、ここで紹介している以外のラインもトレーニングしていこう。また、フィンガーブラントだとラインに波が出やすいので、コームブラントとコームチョップでトレーニングしていこう。

---

03 耳上の延長上からのやや急な前上がり

04 もみ上げの延長上からの急な前上がり

05 こめかみの延長上からの非常に急激な前上がり

03 耳上の延長上からのやや急な前下がり

04 もみ上げの延長上からの急な前下がり

05 こめかみの延長上からの非常に急激な前下がり

テクニックの基本編
Basic Tecnique

明日のための……その**2**

頭の骨格、パネルの角度、パネルの切り口を柔軟に捉え、
GとLの原理を徹底的に理解せよ。

インターナル×エクスターナル、G×L。スタイルを「頭」で理解しよう

右手の次は「頭」を鍛えていこう。ここでは、エクスターナルとインターナルの構造がどうなっているか、どんなGとLの組み合わせでフォルムが構成されているかを理解すること。そのためには、課題のスタイルをただ切るのではなく、リフティングや切り口の角度を変えるとフォルムがどう変わるか、髪の重なりがどうなるかなど、違いをよく見ながらカットしていこう。それから、自分でダイヤグラムを描いてみること。ダイヤグラムとは、いわばヘアスタイルの設計図。自分が思い描いたデザインをダイヤグラムに起こし、一度頭でカットしてから、実際にカットしていくことで、デザインとプロセスが結びつくはず。自分のカットがパターン化してしまっている人は、この章で徹底的に頭脳を鍛えるべし。

テクニックの基本編のトレーニングに入る前に

この章でのトレーニングでは、エクスターナルとインターナルを操作し、フォルムを大きく変化させていきます。
ここではその前に、リフティング、オーバーダイレクションなど、パネルコントロールをする上で欠かせないテクニックの原理について解説していきます。

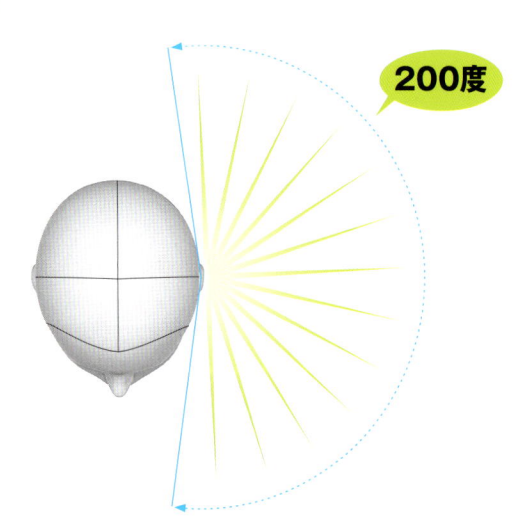

200度のパネルコントロールとは?

カットをする際、角度にすると200度の幅でパネルをコントロールしてフォルムをつくっていきます。アンダーやミドルセクションでは前後に200度のパネルを操作することで（図3）、厚みをコントロールでき、ディテールを大きく変化させることができます。オーバーセクションの場合は、骨格的にも上を向いている面があるので、前後・左右だけでなく、上下にパネルを動かすこともくなります（図1）。そのため、パネルの動く幅が他のセクションに比べて大きくなります。このようにフォルムというのは、前後・左右・上下に200度の幅でパネルをコントロールすることで、形、大きさ、動きをダイナミックにつくり分けることができます。

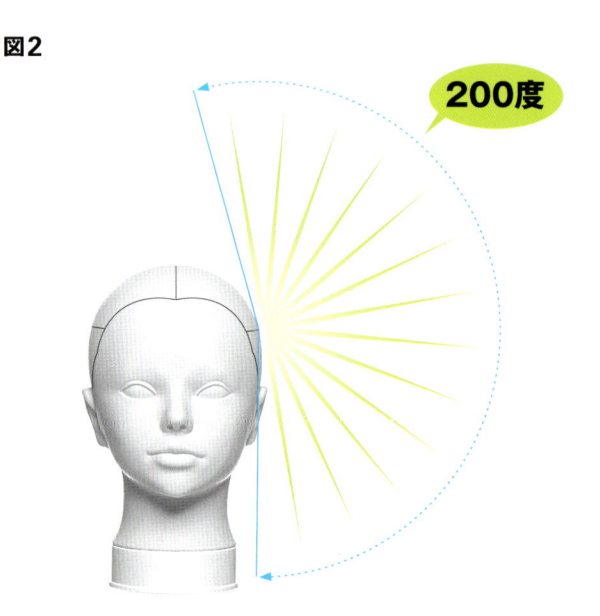

図1　200度

図2　200度

図3　200度

200度のパネルコントロール例

リフティングとは？

パネルを持ち上げたり、下げたりしてパネルを積み重ねて、ウエイトをコントロールする方法。
一つ前のパネルに対して、次のパネルを下げること、または同じ角度にすることをリフトダウン、上げることをリフトアップと呼ぶ。

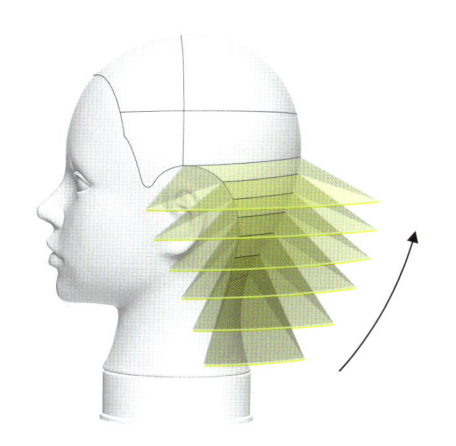

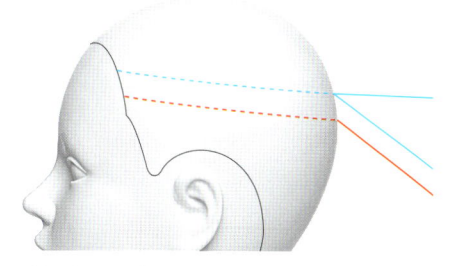

リフトアップ
一つ前のパネルに対して、次のパネルの角度を上げること。パネルをガイド（赤線）よりも持ち上げてカットすることで、軽さが生まれる。

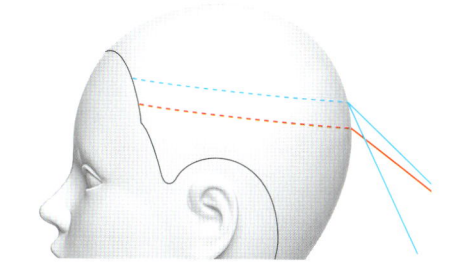

リフトダウン
一つ前のパネルに対して、次のパネルの角度を同じにする、または下げること。パネルをガイド（赤線）よりも下げてカットすることで、重さが生まれる。

リフティングの例を見てみよう

リフティングの角度によって、ウエイトの位置がどう変わるかをバックのフォルムで比較してみよう。

リフトダウン

すべてリフトダウンしてカットしていくことで、重く、丸みのあるフォルムになる。ネープの第1線は残し、その上のパネルを指2本の高さでカット。次のパネルも同じくらいの角度でカットしている。このリフティングの角度のコントロールによって、形が変わる。

リフトアップ小

少しリフトアップをすることで、ウエイトが上がっていくことがわかる。ネープの第1線は残し、その上のパネルは上のスタイルよりも、ややリフトアップしてカット。次のパネルから、徐々にリフトアップしていく。リフトダウンしたものよりもGが軽くなり、ウエイトの位置が上がる。また、このようにオンベースよりも角度を下げた状態でのパネルコントロールを、Gの範囲のリフティングと呼ぶ。

リフトアップ大

下から、オンベースでカットしていく。セイムレイヤー状にリフトアップすることで、GはLとなり、ウエイトラインが消える。このようにオンベースよりも角度を上げた状態でのパネルコントロールを、Lの範囲でのリフティングと呼ぶ。

ステップのつくり方

ステップ（ウエイトのコーナーが出ている状態）をつくるためには、ステップが見える場所以外のところを極端に短いか、軽くしていくこと。リフトアップしてカットしていたその上のパネルをいきなりリフトダウンする（03）ことでステップをつくることができる。

DESIGN DRILL 031

オーバーダイレクション(OD)とは?

パネルを前後どちらかに引き寄せるテクニックのこと。段差がつくと同時に、引く方向によって、前後どちらかに長さを残すことができる。主にウエイトのコントロールで使うテクニック。

オンベースの状態

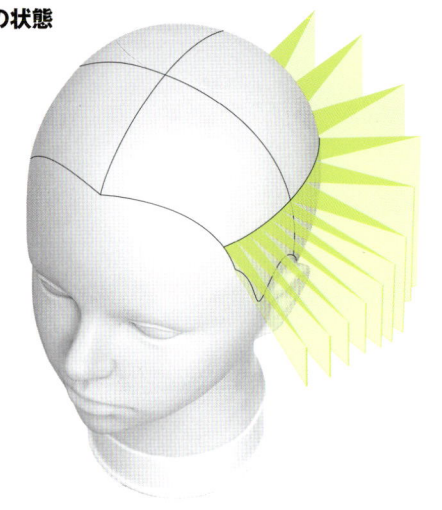

ODをかけた状態

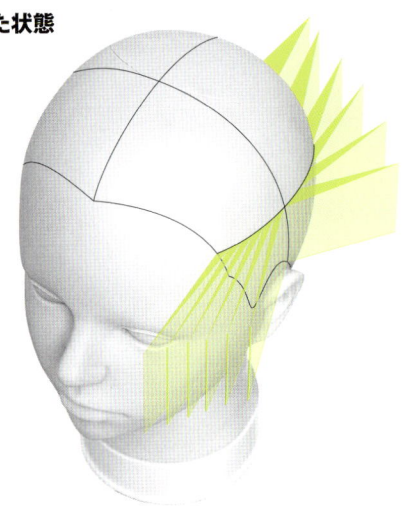

オーバーダイレクションの例

トップ

横スライスを取り、GPの毛束を真上に引き出してカットし、ガイドとする。そのまま前方に切り進み、真後ろに引き出してカット。バングまでカットしていく。かなりODをかけているので、GPとバングでは非常に長さの差がある。

前下がり

前下がりの斜めにスライスを取り、バックからカット。後方にODをかけながら、カットしていく。その結果、前方が長い前下がりのウエイトラインができる。

前上がり

前上がりの斜めにスライスを取り、フェイスラインからカット。前方にODをかけながらカットしていく。その結果、後方が長い前上がりのウエイトラインができる。

032 テクニックの基本編 | Basic Technique

カットがうまくなる10カ条

その1	セクション(スライス)をきれいに取り、きれいにコーミングする
その2	ウエットならウエット、ドライならドライと、根元から毛先まで均一な質感でトレーニングする
その3	ウイッグは傾けないでトレーニングする。お客様には首を傾けてもらえないので、自分で動く習慣をつける
その4	パネルの角度の判断ができるように、スライス線が見えるようにクリップで留める
その5	ガイドが見える厚さでパネルを取りカットする
その6	カットした後、パネル毎にコーミングしてフォルムを確認しながら切り進める
その7	常に毛先の落ちる位置を計算してカットする
その8	少し離れた位置から、フォルムのバランスを確認しながらカットを進める
その9	左手の位置と指の角度に集中する
その10	カットが終わったら、ハサミをセーム革で愛情をこめてきれいに拭く

DESIGN DRILL

Q1 下記の図のようにエクスターナルを15パターンカットしていこう

▶ 詳しくは **P036**へ

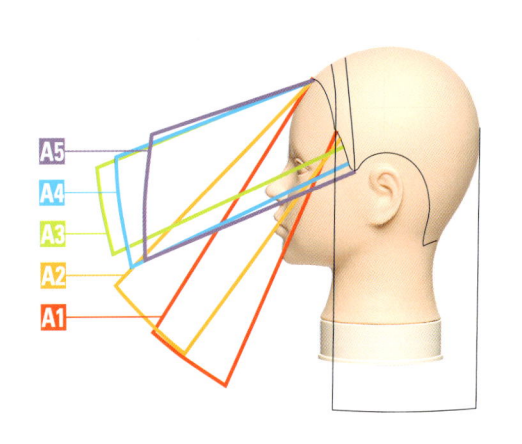

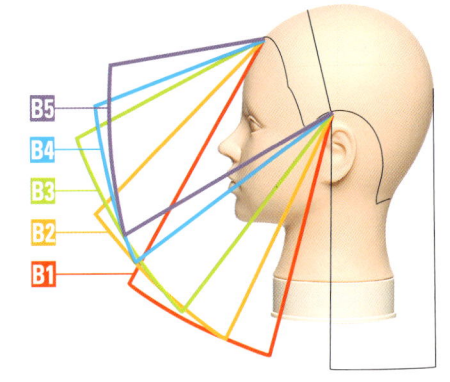

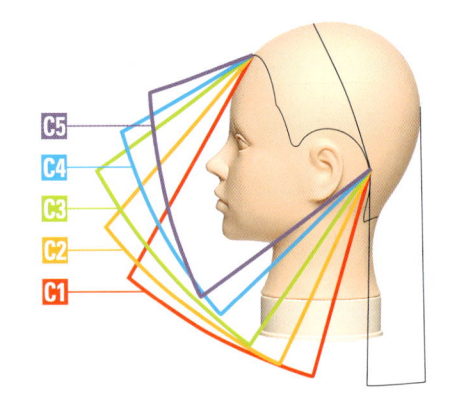

ADVICE エクスターナルのセクションの取り方の違うもの、カットアングルの違うものを切り分けてみよう。

Q2 下記の図のようにインターナルを15パターンカットしていこう

▶ 詳しくは **P038**へ

A1〜A5　耳前からエクスターナルを取る

034　テクニックの基本編 | Basic Technique

B1～B5　耳上からエクスターナルを取る

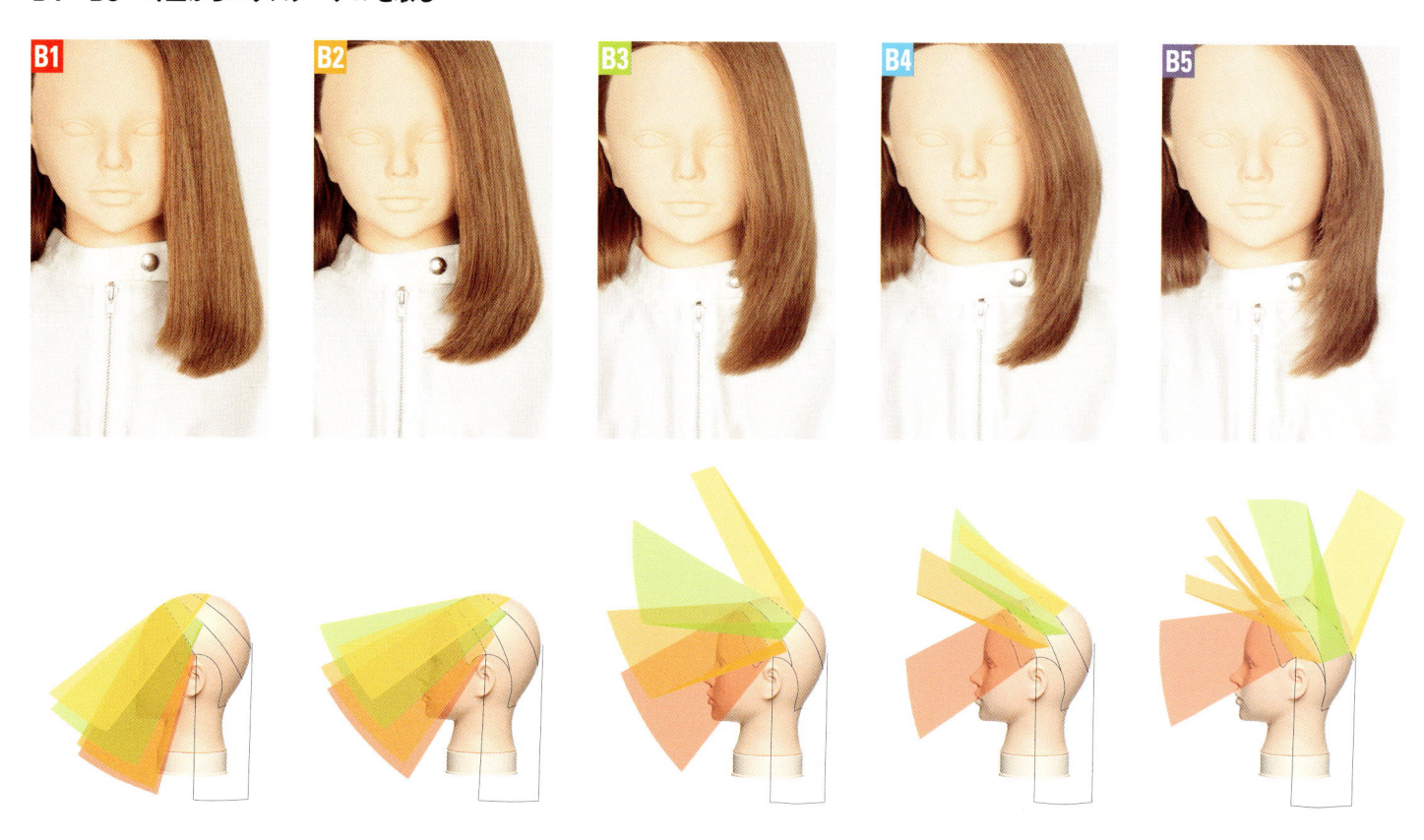

C1～C5　耳後ろからエクスターナルを取る

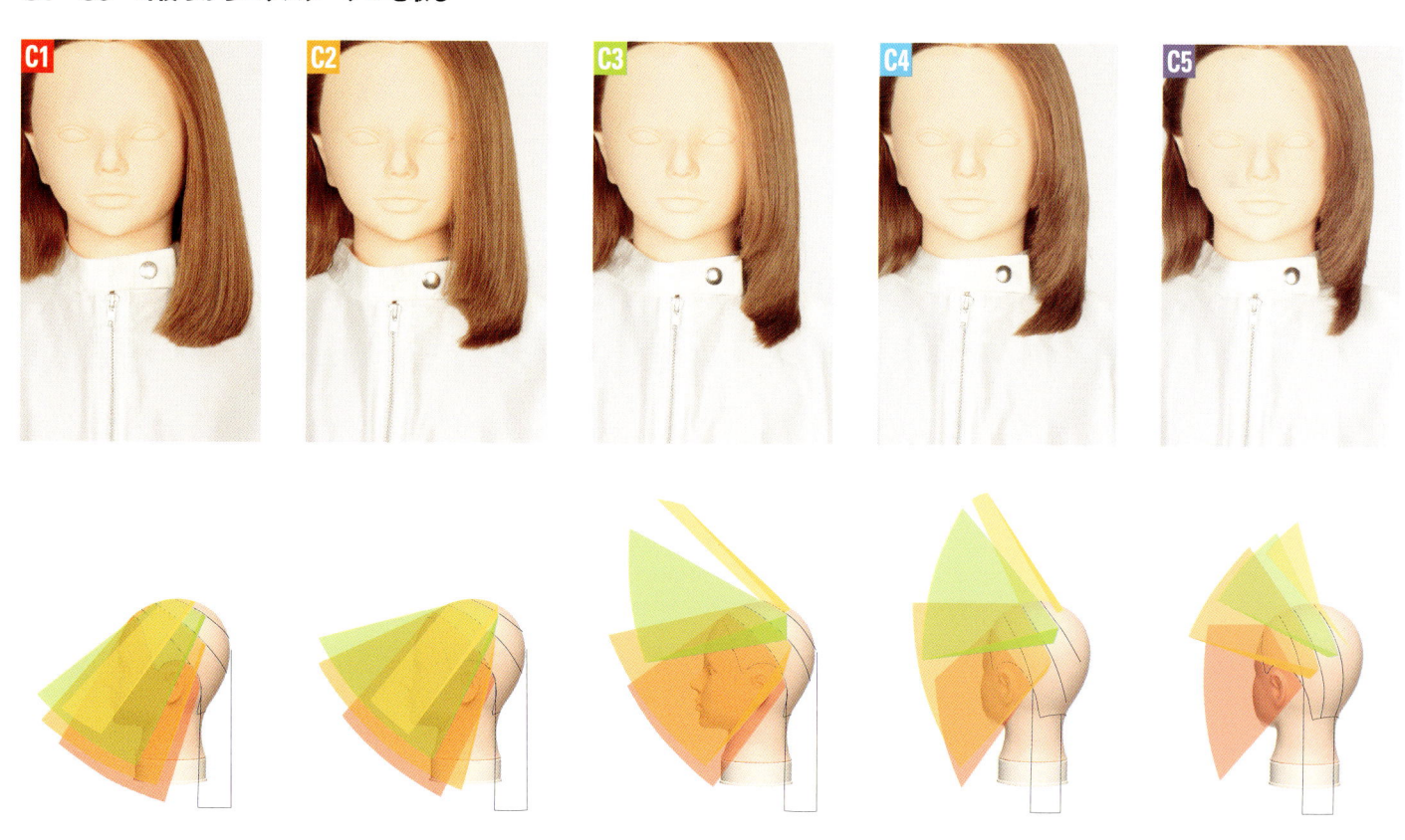

ADVICE 第1セクションの幅、リフティングとカットアングルによって、どのようにフォルムが変わるかに注目。

A1 エクスターナルを15パターンカットしていこう

ここではエクスターナル（※エクスターナルの定義はP10参照）についてトレーニング。
第1セクションを耳前、耳上、耳後ろから取る3パターンを、それぞれGからハイレイヤーのカットアングル5段階で比較。アウトラインは同じ長さに設定しています。

エクスターナル

A 耳前から取る

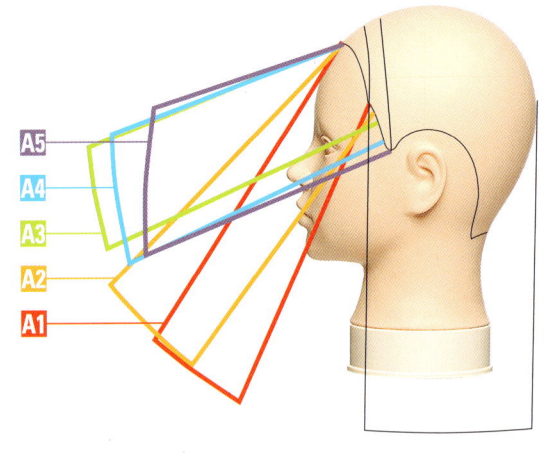

▶▶▶

A1 カットアングル／G

A2 カットアングル／軽めのG

B 耳上から取る

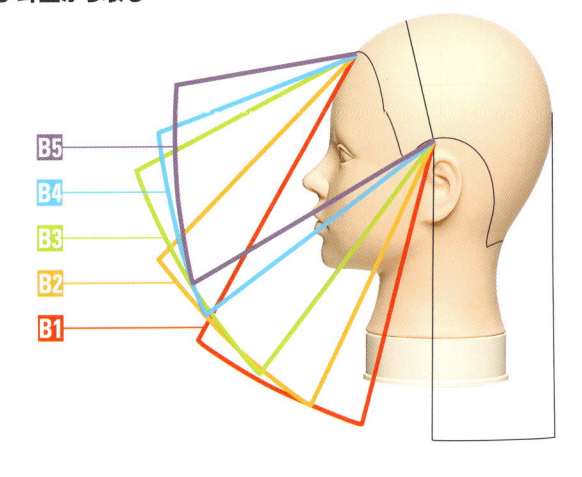

▶▶▶

B1 カットアングル／G

B2 カットアングル／軽めのG

C 耳後ろから取る

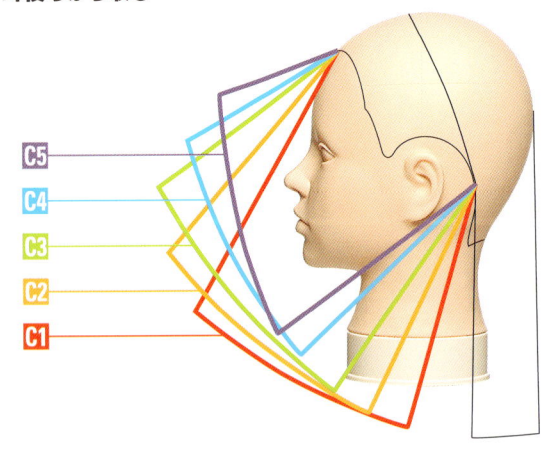

▶▶▶

C1 カットアングル／G

C2 カットアングル／軽めのG

> **ここでは、これを身につけるべし！**
>
> ライン編をマスターしてアウトラインの角度をコントロールできるようになったら、今度は顔周りのラインをトレーニングしていこう。顔周りは似合わせに大きく関わってくるので、非常に重要。第1セクションの幅や、カットアングルの違いによってどうデザインが変わるのかを理解し、自在にエクスターナルをコントロールできるようになろう。

A3 カットアングル／セイムレイヤー 　　**A4** カットアングル／L 　　**A5** カットアングル／ハイレイヤー

GのカットアングルからXハイレイヤーにまで変えていくことで、どのようにラインが変わっていくかに注目。A1、A2のようにGのカットアングルでカットしたものはアウトラインのコーナーが少し削られ、丸みのある形になっている。A3〜A5のように切り口をLにしていくと、ラインの角度が急になり、コーナーがシャープになる。

B3 カットアングル／セイムレイヤー 　　**B4** カットアングル／L 　　**B5** カットアングル／ハイレイヤー

Aよりも広めにセクションを取ることで、髪が削られる面積が大きくなっている。Aと比べるとその分、ラインの角度は緩やかに見える。また、第1セクションを耳上から取る場合、まだヘアライン（生え際）の影響を受けないので、ラインはまっすぐになっている。

C3 カットアングル／セイムレイヤー 　　**C4** カットアングル／L 　　**C5** カットアングル／ハイレイヤー

耳後ろからセクションを取ると、エクスターナルはヘアラインの影響を受け、その形が現れてくる。これは、ヘアラインの形が複雑だということだけでなく、頭が丸いため。また、髪が削られる面積が大きくなるので、フォルムに大きく関わってくる。取るセクションが広くなるほど、フォルムそのものは軽くなる。

A2 リフティングによるインターナルのトレーニングをしよう

ここからは、インターナルをカットしていこう。テクニックの基本編では、主にリフティングのトレーニングをしていきます。
リフティングとカットアングル（切り口）によってフォルムがどんな風に変わっていくかを身につけていこう。

耳前からエクスターナルを取る

A1 リフトアップしてGの仕組みを理解しよう

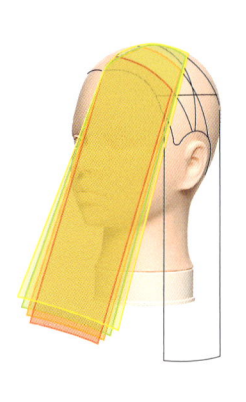

毛先にGがかかるので、丸さが生まれている。

01 耳前からエクスターナルを取り、低いステムでパネルを引き出してGアングルでカット。

02 次のセクションは、指1本分、リフトアップしてGアングルでカット。

A2 さらにリフトアップして、フォルムの仕組みを理解しよう

エクスターナルはGのままなのでアウトラインには重さが残っているが、インターナルはA1と比べて軽くなっている。

01 エクスターナルをカット。A1よりもややステムを上げて、Gアングルでカット。

02 徐々にリフトアップしていく。第2セクションは床に平行な高さまでリフトアップする。

A3 Lのカットアングルにして、フォルムの厚みを理解しよう

エクスターナルのカットアングルをLにしたことで、フォルムの厚みがかなり削られた。

01 エクスターナルはステムを上げて、Lアングルでカット。

02 後ろに切り進むにつれて、徐々にリフトアップしながらカット。

> **ここでは、これを身につけるべし！**
> 徐々にリフトアップしていくことで、どのようにフォルムが変わるか、さらに、カットアングルをGからLへと変えていくことで、フォルムの厚みや毛先の動きがどう変化するかを理解しよう。エクスターナルを耳前から取っているAでは主にオーバーセクションを中心に、リフティングのトレーニングをしていく。

03 前方にODをかけながら指1本ずつリフトアップし頭の丸みと毛先の位置を確認してカット。

04 オーバーは頭の丸みに注意し、03よりもさらにリフトアップ。

05 ODをかけることでバックにGがかからず、すでにあるフォルムをキープすることができる。

03 第3セクションは大きくリフトアップし、毛先の落ちる位置に注意してカット。

04 徐々に前方にODをかけ、バックのフォルムが軽くなりすぎないようコントロールする。

05 最終セクションはさらにODをかけてカット。常に毛先の落ちる位置を意識しよう。

03 第3セクションをカット。重さを取り除くことをイメージしながら、さらにリフトアップ。

04 第4セクションはさらにリフトアップしていき、トップの重さを取り除く。

05 ODをかけずオンベースまでリフトアップすることで、オーバーの重さが取り除かれる。

06 最終パネルは真上まで引き上げてカット。バックのフォルムとつなげる。

A2 リフティングによるインターナルのトレーニングをしよう

耳前からエクスターナルを取る

A4 さらに深いLの切り口にして毛先の動きを理解しよう

エクスターナルをカットする時の、カットアングルをさらに深いLにし、大きくリフトアップしたことで、毛先に動きが生まれている。

01 エクスターナルは、**A3**と同様にステムを上げて、Lアングルでカット。

02 第2セクションは大きくリフトアップしてカット。

A5 ハイレイヤー状の切り口でフォルムの変化を理解しよう

ハイレイヤー状のカットアングルで大きくリフトアップしてカットしていくことで、フォルムが劇的にフラットになる。

01 エクスターナルは、ハイレイヤー状のアングルでカット。

02 第2セクションは、床に平行よりも高い位置までリフトアップしてカット。

リフティングの角度、カットアングル。これによってフォルムは変わる

A1～**A5**までのフォルムの違いを比較してみましょう。まず、**A1**、**A2**を比べてみると、Gのカットアングルでも、リフトアップしていくことで軽さが加わるということがわかります。また、**A3**のようにカットアングルをL状にするとフォルムの厚みが削れ、さらに深いLアングルにしている**A4**では、毛先に動きが生まれています。**A5**のようにハイレイヤー状のアングルでリフトアップしていくと、フォルムの形態は劇的に変わり、かなりフラットになります。

このことから、カットアングルをL状にして、リフトアップしていくと、フォルムがフラットになり、毛先の動きが強調されるということがわかります。また、リフトダウンは重さ、丸さにつながり、リフトアップは柔らかさ、軽さにつながるということ。そして、カットアングルとリフティングの角度によってフォルムや毛先の動きが、大きく変わっていくということが、理解できると思います。

カットはカットアングルとリフティングの掛け算になるので、どちらをどのように操作すると、どんなフォルムになるのかをしっかりとトレーニングして理解しましょう。

040 テクニックの基本編 | Basic Technique

03 第3セクションは、顔周りの重さを取り除くイメージで大きくリフトアップしてカット。

04 第4セクションはほぼ真上までリフトアップしてカット。

05 最終セクションまで同様にカットしていく。

03 徐々にリフトアップしながら、頭の丸みを意識してハイレイヤー状のアングルでカットしていく。

04 頭の丸さと毛先の落ちる位置を常に意識しながらリフトアップしてカット。

05 ミドル付近はほぼ真上まで引き上げハイレイヤー状につなげることでフォルムの厚みを削る。

06 最終セクションは真上まで引き上げてカット。オーバーのすべての重さを取り除く。

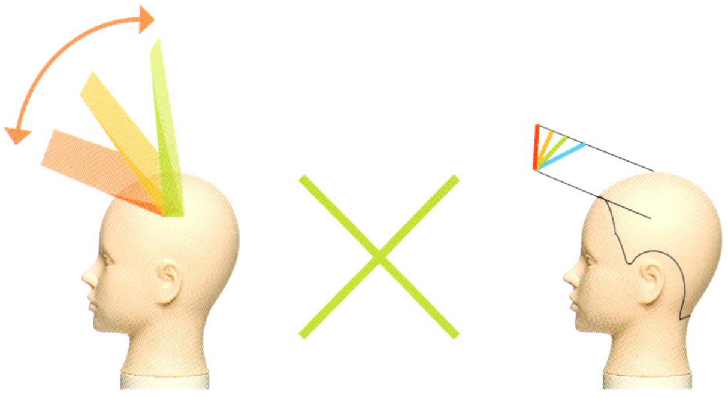

リフティング × カットアングル

ADVICE

リフティングとカットアングルの掛け算によって、フォルムが劇的に変わるということを理解しよう!

A2 リフティングによるインターナルのトレーニングをしよう

耳上からエクスターナルを取る

B1 第2セクションまでリフトダウン

エクスターナルを耳上まで取っているので、ミドルセクションまでGがかかる。そのため、ステップができる。これは生え際の部分の毛が少ないため。

01 エクスターナルを耳上から取る。ステムを下げてGアングルでカット。

02 耳上までカット。インターナルにもエクスターナルにもGがかかりステップが生まれる。

B2 B1よりもリフトアップし、カットアングルを軽いGに

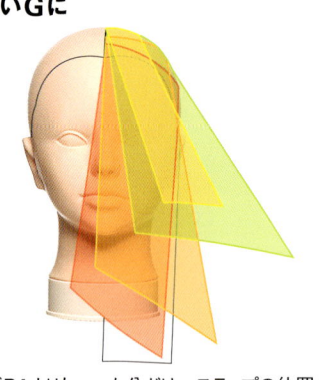

カットアングルが**B1**よりもついた分だけ、ステップの位置が上がった。フォルムは**B1**よりもリフトアップしているので、ウエイトの位置が上がって、丸さが増している。

01 **B1**よりもステムを上げ、セイムレイヤー状のアングルでカット。耳上までつなげる。

02 切り口をセイムに変えてもステムを下げているためGがかかり、ステップは消えない。

B3 さらにリフトアップして、カットアングルをLに

カットアングルをLに変えたことで、一気に厚みが取れ、ステップもなくなった。ただし、Gの範囲でのリフティングなので重さも残っている。

01 エクスターナルはLアングルでカット。耳上のアウトラインまでつなげる。

02 ステムを上げ、切り口をLアングルにすることでステップは消える。

ここでは、これを身につけるべし！

Aはオーバーセクションだけのリフティングのトレーニングでしたが、エクスターナルを耳上から取るBでは、ミドルセクションまでGやLを入れるとフォルムがどのように変わるのかトレーニングしていこう。ヘアライン（生え際）の影響が出てくるので、ヘアラインと骨格、そしてG、Lの関係をしっかりと理解すること。

03 第2セクションはリフトダウンして、Gアングルでカット。

04 耳上までリフトダウンしてGアングルでカット。ここでステップができたことを確認しよう。

05 強いウエイトラインを出さないため、第3セクションからはリフトアップしてカット。

06 リフトアップすることでオーバーの重さが取れて、エクスターナルの丸さが強調される。

03 第2セクションからは、**B1**よりも各パネルをリフトアップして軽いGを加えていく。

04 同様に耳上までカット。ここでステップができたことを確認し、できる理由を明確にしよう。

05 徐々にリフトアップしていく。インターナルも軽いGになり、フォルムの丸さが強調される。

06 丸いフォルムをイメージしながらリフトアップ。ステムに気をつけて耳上までカットしていく。

03 第2セクションは毛先の落ちる位置を意識しながら、リフトアップしてカット。

04 耳上のパネルまでつなげる。Lアングルにすることで、顔周りの重さは削られる。

05 第3セクションは厚みを取り除くイメージで、第2セクションよりもリフトアップしてカット。

06 ODをかけながらLアングルで、耳上までカットする。

DESIGN DRILL 043

A2 リフティングによるインターナルのトレーニングをしよう

耳上からエクスターナルを取る

B4 カットアングルをハイレイヤー状にする

切り口をハイレイヤー状にしたことで、オーバーだけにハイレイヤーが入り、ミドルはセイムレイヤーに近くなり、アンダーにはGが残る。ウエイトが上がりアウトラインの厚みは残る。

01 エクスターナルはステムを上げて、さらにカットアングルをハイレイヤー状にしてカット。

02 そのまま耳上まで、同様にハイレイヤー状のカットアングルでカット。

B5 ハイレイヤー状のカットアングルで、さらにリフトアップ

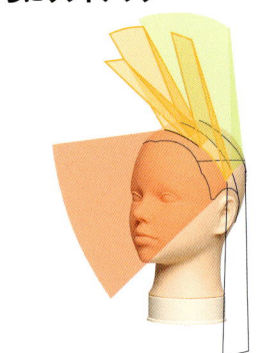

すべてのインターナルをハイレイヤー状にカットしたことで、ウエイトは一気に消え、Iシルエットが生まれる。さらに、毛先は薄くなる。

01 エクスターナルは、B4よりさらにステムを上げて極端なハイレイヤー状にカット。

02 そのまま耳上まで、同様にハイレイヤー状のカットアングルでカットしていく。

ヘアラインの影響で、ステップが出てくるので気をつけよう

耳前からエクスターナルとなるセクションを取ったAと耳上から取ったBの大きな違いは、Bではヘアラインの影響が出やすくなるということ。特にB1、B2のようにGアングルでカットすると、顔周りにステップ(ウエイトのコーナー)ができるので注意しましょう。
ここで注目したいのが、耳上からセクションを取ってもエクスターナルのみをカットしたもの(P36〜37参照)はヘアラインの影響が出ていないということです。これは、エクスターナルのみのカットだとリフトダウンしているのでヘアラインの凹凸の影響を受けにくく、インターナルをカットする場合、リフトアップしていくのでヘアラインの影響を受けやすくなるためです。
また、B1、B2のようにGアングルでカットするとステップができる理由は、フロントセンター(⬌部分)は幅があるので重さが出やすく、ヘアラインの凹み部分(⭕部分)は髪の量が少ないうえ、Gアングルでカットするとさらにセンターの重さが強調されるためです。Lアングルになると、ヘアラインの凹み部分よりセンターが軽くなるので、ステップは消えます。

03 徐々にリフトアップしてオーバーの重さを取り除く。頭の丸みを考えると上から、

04 ハイレイヤー、セイムレイヤー、ハイレイヤーでつながり、アウトラインだけにGが残る。

05 つくりたいフォルムをイメージし、重さを取りたいところはリフトアップ。

06 逆にウエイト付近など重さを残したいところはリフトダウン。

07 長さを残したいところはさらにODをかけていく。このコントロールが立体感を生む。

03 インターナルは、重さを取り除きたいフロントトップはリフトアップしてカット。

04 アウトラインの薄くなりやすい、エクスターナルに影響するところはリフトダウン。

05 そこからリフトアップしてハイレイヤーでつなげることでIシルエットが生まれる。

06 イア・トウ・イアより後ろはリフトアップして、ハイレイヤーにカット。

07 オーバーの重さは削られ、アンダーのGは残る。

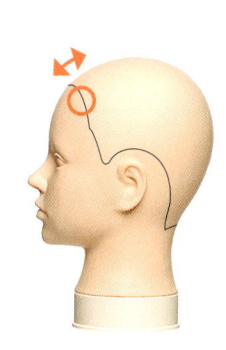

ADVICE

エクスターナルとなるセクションを広く取るとステップが出てくる。フロントセンター（⟷部分）は幅があり重さが出やすく、ヘアラインの凹み部分（○部分）は毛量が少ないため

DESIGN DRILL

A2　リフティングによるインターナルのトレーニングをしよう

耳後ろからエクスターナルを取る

C1 指1本ずつリフトアップしてカット

角が取れる程度の緩やかな丸みが生まれる。比較的重いシルエット。

01 エクスターナルを耳後ろから取り、フロント側から、GアングルでカットS。

02 そのまま、同様にGアングルで切り進む。

C2 C1よりもリフトアップしてカット

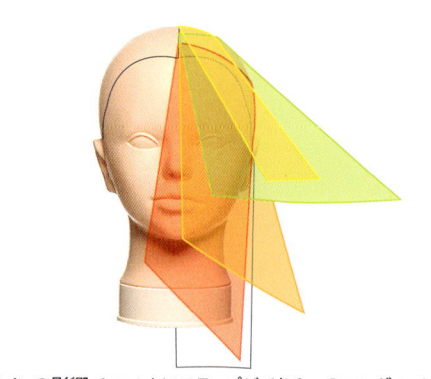

ヘアラインの影響でフロントにステップができる。Gアングルでカットしているが、C1よりもリフトアップしているため、フォルムの厚みが少し消えている。

01 エクスターナルを耳後ろから取り、Gアングルでカット。C1よりもステムを上げる。

02 そのまま、同様にGアングルで切り進む。

C3 さらにリフトアップし、ヘアラインと平行にカット

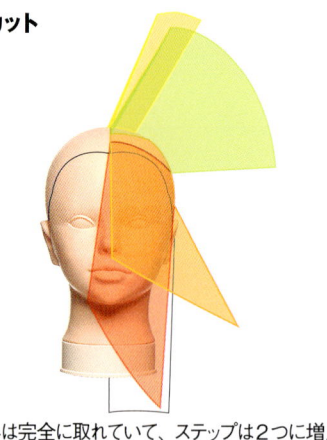

フォルムの厚みは完全に取れていて、ステップは2つに増えている。

01 C2よりステムを上げ、ヘアラインと平行のアングルでエクスターナルをカット。

02 そのまま同様に、ヘアラインと平行のアングルで切り進む。

ここでは、これを身につけるべし！

エクスターナルを耳後ろから取ると、髪が削られる面積が増えるので、正面から見たときのレングスが短くなりやすい。さらにインターナルをハイレイヤーにしていけばいくほど、レングスが短くなりやすいので注意すること。どこの毛を一番長く見せるかを明確にした上で、エクスターナルのセクションの幅やインターナルを決めることが大切。

03 耳後ろまでカット。

04 次のセクションから、カットアングルはGのまま、指1本分ずつリフトアップしていく。

05 そのまま同様にリフトアップして、Gアングルで切り進む。

06 髪が引き出せるところまでカットする。

07 アウトラインに丸さをつくるイメージでトレーニングしていこう。

03 耳後ろのアウトラインにつなげる。

04 次のセクションから、カットアングルはGのまま、C1よりもさらにリフトアップしてカット。

05 そのまま同様にリフトアップして、Gアングルで切り進む。

06 髪が引き出せるところまでカットしてつなげる。

07 毛先の落ちる位置を計算しながら、カットしていこう。

03 耳後ろまでカットして、アウトラインにつなげる。

04 次のセクションから顔周りの重さと厚みを取り除くイメージで、さらにリフトアップしてカット。

05 毛先の落ちる位置を計算しながら、リフトアップしていく。

06 髪が引き出せるところまでつなげていく。

07 クラウンは後ろに落ちる髪も考えながら、リフトアップ。オーバーの厚みを取り除く。

DESIGN DRILL 047

A2　リフティングによるインターナルのトレーニングをしよう

耳後ろからエクスターナルを取る

C4　さらにリフトアップして、Lのカットアングルにする

C3よりも毛先は薄くなり、フォルムもさらにフラットになる。2つのステップの位置が上がっている。

01 エクスターナルを耳後ろから取り、C3よりもステムを上げて、L状の切り口でカット。

02 そのまま、同様にLアングルで切り進む。

C5　MAXにリフトアップしてハイレイヤーの切り口にする

アウトラインのコーナーが削れたため、レングスそのものが、短くなったように見える。厚みは5パターンの中で、一番フラットになった。

01 エクスターナルを耳後ろから取り、C4よりもステムを上げ、ハイレイヤー状の切り口でカット。

02 そのまま、同様にハイレイヤー状のカットアングルで切り進む。

どこの毛を長く見せたいかによって、エクスターナルとインターナルを決めよう

Cではエクスターナルとなるセクションを耳後ろから取っています。このようにエクスターナルとなるセクションの幅を広く取り、インターナルのGやLのアングルとつなげていくと、アウトラインのレングスを短くしやすくなります。さらに、カットアングルをハイレイヤー状にしていけばいくほど、厚みは削れ、毛先は軽くなっていきます。

A～Cに共通して言えることですが、どこの毛を一番長く見せたいか、短く見せたいかによって、エクスターナルとなるセクションの幅、リフティング、カットアングルを決めていくことが大切です。
今回、エクスターナルを耳前、耳上、耳後ろから取って比較しましたが、それによってレングス設定が変わり、その後、インターナルの形に影響してくることがわかったと思います。エクスターナルとインターナル。求めるフォルムに合わせて、この2つを同時に計算してコントロールできるようになることが大切です。その両方ができてこそ、初めてリフティングをマスターしたことになります。ここでの15パターンをしっかりとトレーニングしてリフティングを身につけましょう。

03 耳後ろまでカットして、バックのアウトラインにつなげる。

04 次のセクションからさらにリフトアップして、Lアングルでカット。顔周りの重さを取り除く。

05 そのまま頭の丸みに合わせてリフトアップしていく。常に毛先の落ちる位置を意識しよう。

06 髪が引き出せるところまでカットして、バックにつなげる。

07 クラウンは後ろに落ちる髪も計算に入れて、リフトアップしていこう。

03 耳後ろまでカット。ハイレイヤー状につなげることで、フロントから見えるレングスは短くなる。

04 フラットなフォルムをイメージし、さらにリフトアップし、ハイレイヤー状の切り口でカット。

05 そのまま頭の丸みに合わせて、同様にリフトアップしてカットしていく。

06 髪が引き出せるところまでカットして、ハイレイヤー状につなげる。

07 ここまでリフトアップしてハイレイヤー状にカットすることで、タイトなフォルムになる。

ADVICE

同じようにハイレイヤー状の切り口で、リフトアップしてカットしているが、エクスターナルとなるセクションの取り方で、長さの残り方が変わってくることを理解しよう！

DESIGN DRILL 049

テクニックの基本編まとめ

ここまでのトレーニングで、エクスターナルとインターナルが、フォルムコントロールにおいていかに重要になるか、実感したと思います。
ここでは、エクスターナルとインターナルをコントロールする上で鍵となることについてまとめていきましょう。

セクションの幅とアングルの違いによるエクスターナルの変化

エクスターナルをコントロールする上で特に重要になるのが、セクションの幅をどこまで取るのかと、アングルをどうするのか。
実際には、この2つを組み合わせてデザインしていくのですが、ここではそれぞれに注目。
セクションやアングルを変えることでどのようにデザインが変わるのかをまとめてみました。

セクションの幅

どこからセクションを取るかで、顔周りの肌の見える面積が変わります。ここではLを例に、その違いを比較していきましょう。セクションを広く取るほど、サイドにLが入る面積が増えるので肌の見える面積が広がります。

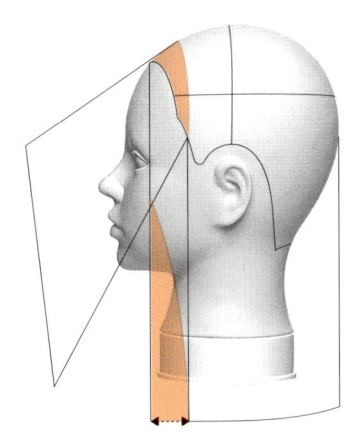

01 耳前から取る
生え際に沿って耳前からセクショニング。Lのつく幅は狭くなり、肌の見える面積も小さくなる。

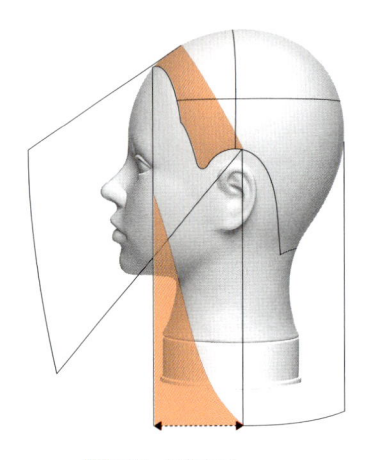

02 耳上から取る
耳上からセクショニングしてカット。01よりはLのつく幅は広くなり、肌の見える面積も広くなる。

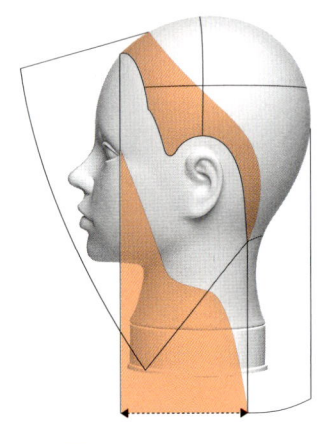

03 耳後ろから取る
耳後ろからセクショニングしてカット。Lのつく幅は一番広くなり、肌もかなり広く出るようになる。また、前方から見た時のレングスも短くなる。

アングル（切り口の角度）

アングルによって、顔周りの重さ、肌の見え方が決まります。Gにすればウエイトが生まれ、セイムになればウエイトラインは出ないが、重さは残ります。Lにすると重さはなくなり、軽さが出ます。また、アングルがつくほど肌の見える面積も大きくなります。ここでは、セクションの幅を統一して、アングルの違いから生まれる肌の見え方を比較してみましょう。

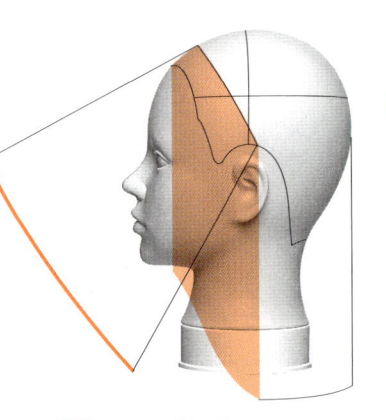

01 Lのアングルはヘアラインと平行
耳上からスライスを取り、スライスに対して垂直に引き出して、ヘアラインと平行にカット。あまり段差がつかず重いフォルムになる。肌はあまり見えない。

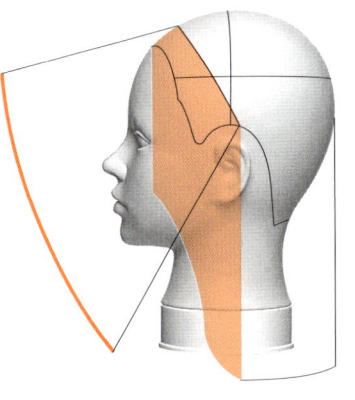

02 Lのアングルは01よりも深め
01と同様にスライスを取り、01よりもアングルを深めにカット。フォルムはやや軽くなり、肌も適度に見えるようになる。

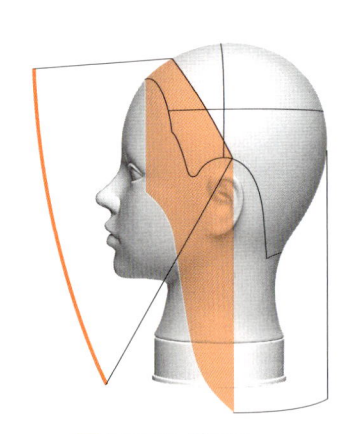

03 Lのアングルは02よりも深め
01よりも深いアングルでカット。段差がたくさんついてフォルムは軽くなり、肌もかなり見えるようになっている。

顔周りのインターナルとエクスターナルの変化

ここでは顔周りのデザインのバリエーションを見ていきましょう。左ページでお伝えしているように、顔周りのデザインを考えるときに、セクションの取り方と、アングルが重要になるのですが、それにプラス、インターナルによってもデザインは変わります。
ここでは、バックのレングスは統一し、エクスターナルとインターナルを変化させてみました。顔周りのデザインを比較してみましょう。

エクスターナル…セイムレイヤー／インターナル…セイムレイヤー

エクスターナル

01〜02 エクスターナルを生え際のラインと平行＝セイムレイヤー状にカット。**03〜04** インターナルもセイムレイヤー状にカット。全頭を同じ長さでカットしているため、骨格の形に沿った丸みが出ている。**エクスターナルをセイムレイヤー状に、ステムを下げてカットしたことで、ヘアラインの形がアウトラインに直接出ている。**

エクスターナル…LGL／インターナル…LG

01〜03 エクスターナルをL、G、Lでカット。**04〜05** インターナルはLGになっている。Gが入っているので、上のスタイルよりも丸みがあり、メリハリのあるフォルムになっている。**エクスターナルにGが加わったことで、肌の見える面積が横に広くなっている。**

エクスターナル…LGL／インターナル…ハイレイヤー

01〜02 中央のスタイルと同様にエクスターナルはL、G、Lでカット。**03〜05** インターナルをハイレイヤー状にカットしている。**中央のスタイルと比べて、エクスターナルが同じなので、サイドから見たときの肌の見え方は同じだが、ハイレイヤーの影響でフォルムはフラットになっている。**

DESIGN DRILL 051

クリエイションの楽しみ

みなさん、トレーニングにも少し疲れてきたところではないでしょうか？
ここではほっと一息入れて『DADA CuBiC』がこれまで作ってきた作品を見ていきましょう。

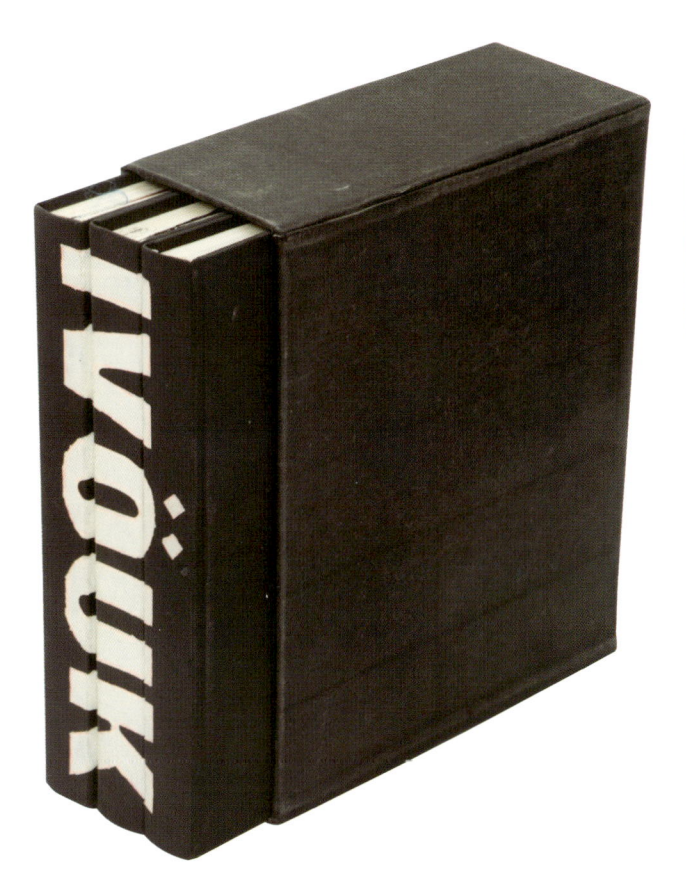

DADA（DADA CuBiCの前身）はもともと美容室ではなく、美容師、ヘアメイク、フォトグラファーなどのクリエイターたちが集い、ビジュアルについて語り合ったり、作品を制作したりというクリエイティブ集団として、ロンドンで発足した。これは初期の作品。モデル写真の他、コラージュなど、目だけでなく、五感を刺激する作品となっている。

90年代後期、日本に帰国する直前の作品。モデルの写真のほか、ダイヤグラム、この作品のコンセプトなどがまとめられ、現在の『DADA CuBiC』のビジュアル表現や教育システムのルーツが感じられる。ロンドン時代、コベントガーデンの広場に、休みの日には必ず作品撮りのモデルハントのために植村氏が立っていたというのは、今や伝説となっている話。

052 コラム | Column

今年（2008年）、D.D.A主催のオランダでのワークショップのために作った作品。オランダの建築物、アートなどにインスピレーションを受けて、雑誌の切り抜きによるコラージュやヘアスタイルのデザイン画、写真にメイクのイメージを書き込んだ作品、人形の衣装などを制作。すべての作品は上の、赤、緑、ブルーの箱にそれぞれ収まるようになっている。

美容の仕事の魅力とは、一言でいうとその幅の広さだと思います。サロンワーカーという面で考えても、デザイナーであり、医者であり、ときにはカウンセラーにもなる。
そして、もう一つ、美容にはクリエイションの世界があります。クリエイションとは、大人の上質な遊び。これほど童心に戻ってできる遊びはない。そして、それが作品として評価されたりもする不思議な世界です。
僕は、これからたくさんの美容師に、クリエイションの世界で活躍してほしいと思っています。そのためには、ものをつくる楽しみを若いうちから実感してほしい。今の若い世代は、自分で何かをつくるって発想があまりないような気がします。TVゲームとか、人がつくったもので遊んでいるつもりが、遊ばれてしまっている。読者の皆さんが、将来、人に「楽しみ」や「感動」を提案していく立場になるんです。だからこそ、ここで紹介しているようなスクラップブックでも、デザイン画でも、作品撮りでも、何でもいい。何かを自分でつくってみて、クリエイションの楽しさに、早く目覚めてほしいと思います。

（植村隆博）

DESIGN DRILL **053**

左手コントロール編
Left Hand Control

DDDDDDDD
DDDDDDDD
DDDDDDDD
DDDDDDDD
DDDDDDDD

明日のための……その**3**

左手を自由に操り、
オーバーダイレクションとリフティングでフォルムを変幻自在に操るべし。

オーバーダイレクションとリフティングを完全にマスターしよう

カットは左手で行うと言えるくらい、左手が重要となる。左手の角度によって、様々なフォルムがつくり出される。ここでは、左手のコントロールを徹底的に身につけよう。コントロールとは、野球で例えると、どこに投げたらいいか計算した上で、そこに投げられるようになること。ストライクゾーンもボールの投げ方も知っているけれど、なかなかうまく投げられないですよね？ カットにも同じことが言えて、切り方を覚え、GとLの原理を理解したら、自在にパネルをコントロールできるようになろう。そのためにはオーバーダイレクションとリフティングをマスターし、200度のパネルの軌道を理解すること。左手を制するものは、フォルムを制する。左手を鍛え、色々なフォルムを作り出せるようになろう。

Q1 バルーン系(前上がり)のボブを5点カットしていこう。
アンター、オーバーでそれぞれフォルムを比較しよう。

バルーン系1

バルーン系2

バルーン系3

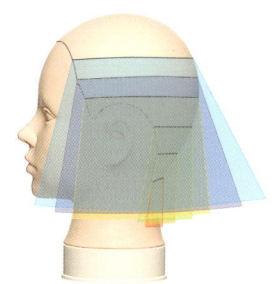

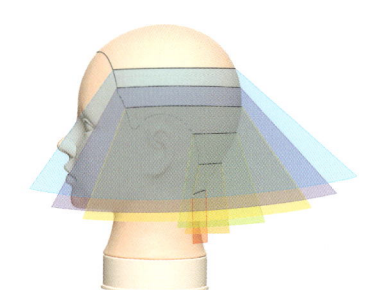

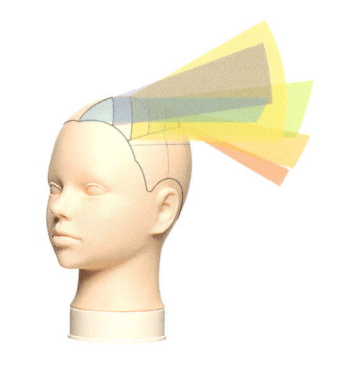

▶ 詳しくは **P058** へ

▶ 詳しくは **P060** へ

▶ 詳しくは **P062** へ

バルーン系4　　　　　**バルーン系5**

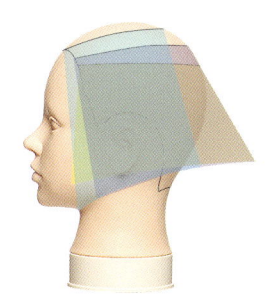

> **ADVICE**
> まずは、1～5までの
> アンダーセクションに注目して、
> リフティングによってバックや
> サイドのGの幅がどのように
> 違ってくるかを比較してみよう。

▶ 詳しくは **P064** へ　　　　▶ 詳しくは **P066** へ

> **ADVICE**
> アンダーセクションと
> オーバーセクションの
> 骨格の違いによる
> Gの幅の見え方の違いに注目。

A1 バルーン系1〜5の切り方を見ていこう

ここからは水平ラインのボブを5パターン練習していこう。リフティングによってどのように形が変わるかに注目。課題になっている形と同じようにつくることに意識を集中するのではなく、カットしながら、まずは原理を知っていこう。

バルーン系1

アンダー　オーバー

アンダーセクション

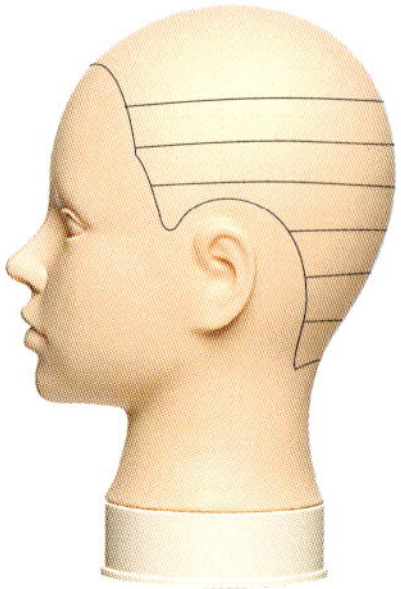

01 横スライスでカットしていく。

02 第1セクションは指1本分の高さで、セクションラインと平行にカット。

03 次のセクションから、指1本ずつリフトアップしてカットしていく。

04 第3セクションのカット。

05 上へと切り進む。

06 きれいなグラデーションを積み重ねるイメージで、徐々にリフトアップしていく。

**指一本ずつ
リフトアップしてカット**

指一本のGをかけていくことで、丸みのあるフォルムになったが、Gのかかっている面積は少ない。**特にアンダーの上部（ミドル）ではかなりリフトアップしているが、髪が下に落ちたときにGが見える面積は非常に少ない。**人間の頭の骨格はセクションによってフラットだったり、急だったり丸みが異なるので、髪の段差の現れ方も違ってくるということを覚えておこう。

07 サイドも同様にカット。セクションラインと平行にカットする。

08 徐々にリフトアップしていく。

09 アンダーの最終パネルは、バック（06）のリフトの角度と合わせる。ここでグラデーションのつき方を確認しよう。

058 左手コントロール編 | LEFT HAND CONTROL

クロスチェックでインターナルを観察してみよう
アンダーもオーバーも指一本ずつリフトアップしてカットしたので、全体的にGの構成になり、緩やかな丸みのあるフォルムになっている。

ここでは、これを身につけるべし！
アンダーもオーバーもスライスをすべて横に取り、指1本ずつリフトアップしていこう。それによってどのくらいGがかかるのかを知ること。アンダーとオーバーでは同じようにカットしても、髪の重なりが違ってくることに注目。

オーバーセクション

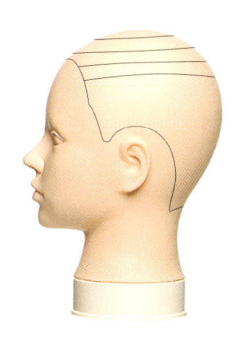

01 オーバーもアンダーと同様に横スライスでカット。

02 第1セクションは、アンダーの最終パネルよりも指1本分リフトアップしてカット。

03 グラデーションのつき方に意識を集中して、指1本分ずつリフトアップしてカットしていく。

04 そのままトップまでカット。

05 サイドもアンダーの最終パネルより指一本分リフトアップする。ヘアラインの関係でアウトラインはやや前上がりになる。

06 フロントの長さをキープするために、フロントのヘアライン付近は後方にODをかけながら、指1本ずつリフトアップしていく。

07 同様に上まで切り進む。

08 そのままトップまでカット。

指一本ずつリフトアップしてカット

オーバーもアンダー同様に、指一本ずつリフトアップしてカット。重い、丸いシルエットになっている。**オーバーはアンダーに比べGの幅が見える。これは頭の丸みに関係する。オーバーはアンダー上部のミドルに比べて頭のカーブが強いため、少しのリフトアップでGがつきやすい性質を持っている**。オーバーのパネルをさらにリフトアップしていくとGの面積は増え、ウエイトは上がっていく。インターナルがLに切り替わると、反対にウエイトが下がるので確認してみよう。

POINT
ここでグラデーションのつき方を確認しよう。ウエイトラインにステップができていたら、左手が下がりすぎ。ウエイトラインがゆがんでいたり、乱れていたりしたら、左手は上がりすぎということになる。

A1 バルーン系1〜5の切り方を見ていこう

バルーン系2

アンダー　オーバー

アンダーセクション

**バルーン系1よりも
リフトアップしてカット**

バルーン系1よりも、リフトアップしてカットしたため、ウエイトが上がりGの幅が広くなったことがわかる。自分がリフトした感覚で、どのくらいGがつくのか、ウエイトが上がるのかを確認しながらカットしていこう。

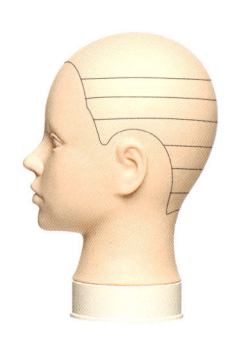

01 アンダーは横スライスでカットしていく。

02 第1セクションはバルーン系1と同様に、指1本分の高さでセクションラインと平行にカット。

03 次のセクションから、つくるウエイトをイメージしながら、指1本分よりもやや高めにリフトアップしてカットする。

04 第3セクションのカット。徐々にリフトアップしていく。切り終わったら、必ずGのつき方を確認すること。

05 毛先の落ちる位置を計算して、ウエイトをイメージしながらリフトアップしてカット。

06 アンダーのバックの最終パネルは、このくらいリフトアップする。切り終わったら必ずウエイトラインを確認しよう。

07 サイドも同様に、セクションラインと平行にカット。

08 徐々にリフトアップしていく。

09 アンダーの最終パネルは、バックのリフトの角度（06）と合わせて、ウエイトラインをつなげよう。

060　左手コントロール編｜LEFT HAND CONTROL

クロスチェックでインターナルを観察してみよう

バルーン系1よりもリフトアップしたので、アンダーのGが少し軽くなっている。また、全体的にはボブのシルエットだが、トップをリフトアップし、Lアングルでカットしたので、トップがL（セイムレイヤー）になっている。

ここでは、これを身につけるべし！

バルーン系1で切ったときよりもリフティングの角度を上げていこう。アンダーでは、さらにリフトアップしていくことでウエイトが上がり、グラデーションの幅が広くなることに注目。オーバーでは、今度は斜めにパネルを取ってリフトアップしてカットすることで、フォルムがどう変わるかを確認していこう。

オーバーセクション

斜めにスライスを取って、リフトアップしてカット

斜めにスライスを取り、第1セクションをLのカットアングルでカットしたことで、エクスターナルの角が取れて、フェイスラインに丸みができた。また、**後方に進むにつれてリフトアップしてカットしたことで、バックがセイムレイヤーに近い状態になり、ウエイトの位置が少し上がり、丸く、滑らかなフォルムになった**。

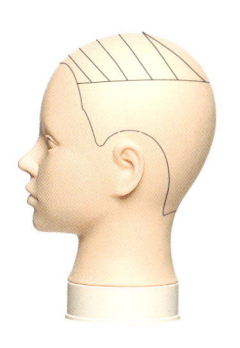

01 オーバーは、前上がりの斜めスライスでカットしていく。

02 第1セクションは、前方にODをかけL状のアングルでカット。エクスターナルの角が取れて、顔周りに柔らかい丸みができる。

03 次のパネルからは、リフトアップしてアンダーとつなげてカット。フロントのフォルムに丸さをつくる。

04 そのまま前方にODをかけながら、リフトアップしてカット。毛先の落ちる位置を計算して、丸さをつけるイメージで。

05 徐々にパネルをリフトアップしてカットしていく。アンダーのウエイトラインにつなげていく。

06 リフトアップしながら、Lアングルでカットすることで、ウエイトラインが消え、滑らかな丸いフォルムになる。

07 耳後ろ辺りからODをかけずに、リフトアップのみで、ウエイトポイントを柔らかく、丸く仕上げていく。

08 常にウエイトを確認しながら、後ろへと切り進む。

09 最終パネルは、ほぼセイムレイヤーの状態にカット。ウエイトポイントに丸みができ、フォルムは滑らかに仕上がる。

DESIGN DRILL **061**

A1　バルーン系1〜5の切り方を見ていこう

バルーン系3

アンダー　オーバー

アンダーセクション

**第1セクションから
リフトアップしてカット**

第1セクションからリフトアップしたことで、アウトラインがかなり軽くなった。アンダーの上部（ミドル）もネープ同様にリフトアップしているが段差があまり見えない。バルーン系1でも説明した通り、**ネープの部分は、少しリフトアップしただけでも段差がついたように見え、ミドルはかなりリフトアップしてもあまり段差が見えないという特性がある**。そのため、重めのウエイトラインが生まれている。

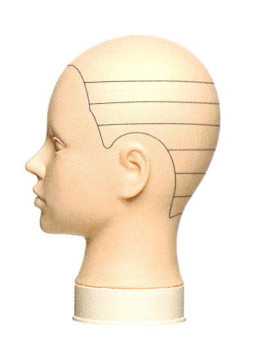

01 アンダーは横スライスでカットしていく。

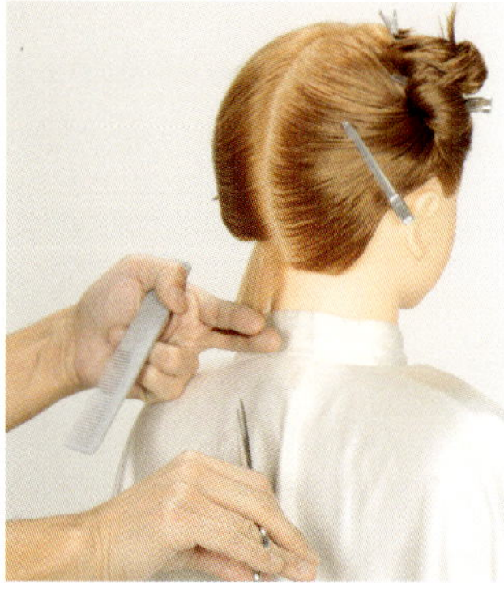

02 第1セクションはアウトラインを軽くするイメージで、指2本分の高さにリフトし、セクションラインと平行にカット。

03 次のセクションから、徐々にリフトアップしてカットしていく。

04 きれいなグラデーションを意識して、第3セクションをカット。

05 各セクション切り終わったら、必ずグラデーションのつき方を確認しよう。

06 アンダーのバックの最終パネルは、このくらいリフトアップする。ここでウエイトラインを確認しよう。

07 サイドもバックと同じ位置までリフトアップして、アウトラインに丸さをつくる。

08 丸さを意識しながら、徐々にリフトアップしていく。

09 サイドの最終パネルは、バック（06）とリフトの角度を合わせる。適度な丸さのあるフォルムにすることで、色々な形のオーバーと組み合わせることができる。

062　左手コントロール編 | LEFT HAND CONTROL

クロスチェックでインターナルを観察してみよう

バルーン系2よりもアンダーのGが軽くなっている。また、アンダーのコーナーを落としながらオーバーをカットしたので、ミドルは軽めのG、トップはセイムレイヤーになっている。

ここでは、これを身につけるべし！

さらにリフティングの練習をしていこう。アンダーでは、第1セクションからステムを上げることでGがかかり、アウトラインがソフトになることに注目。オーバーでは、バルーン系2とは逆に、後ろから斜めパネルでカットしていくトレーニングをしよう。

オーバーセクション

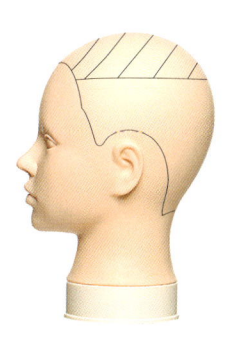

01 オーバーは縦に近い、前下がりの斜めスライスでカットしていく。

02 バックから、アンダーをガイドにGアングルでカット。軽めのGを入れることで、アンダーよりもウエイトがグッと上がる。

03 後方にODをかけながら、アンダーのコーナーが少し削れるくらいまでリフトアップしてカット。滑らかな丸さをつくっていく。

04 ODとリフティングを同時にかけながら、前方へと切り進む。

05 トップ付近はパネルをかなりリフトアップし、セイムレイヤー状にカット。

06 徐々にリフトダウンしてアンダーのGにつなげ、ウエイトラインをぼかしていく。

07 この時、常にウエイトラインをぼかすことと、毛先の落ちる位置を意識して、リフティングの角度を決めることが大切。

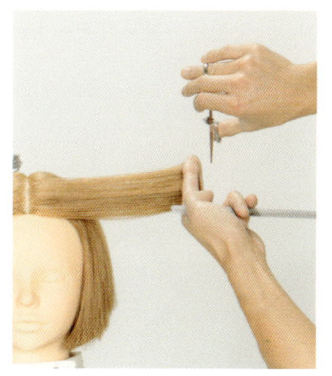

08 フロントはほぼODをかけずに、アウトラインのエッジに丸さをつくるイメージでリフトアップしてカット。最後に、刃先で、アウトラインを整えて仕上げる。

斜めパネルで、バックから ODをかけてカット

アンダーでは、ヘビーなウエイトラインが耳周辺にできていたが、オーバーをカットしたことで、それが和らいだ。これは、**オーバーをカットする時に、アンダーのコーナーを落としながらカットしたため**。この際、アンダーのコーナーを切りすぎるとウエイトラインがぼけるだけでなく、せっかくつくったアンダーのフォルムが削れ過ぎてしまうので、リフティングには注意が必要。またこの時、オーバーに重いGを入れるとさらにヘビーなウエイトが生まれ、ステップができる。

POINT

オーバーに軽いGを加えたことで、アンダーのアウトラインの毛先が若干軽くなり、動きが生まれる。そのため、ラインが乱れやすくなるので、最後に刃先でアウトラインのエッジを、ウエイトラインに合わせて整えよう。

DESIGN DRILL

A1 バルーン系1〜5の切り方を見ていこう

バルーン系4

アンダー　オーバー

アンダーセクション

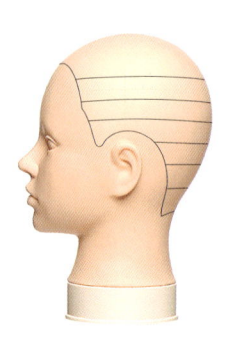

01 アンダーは横スライスでカットしていく。

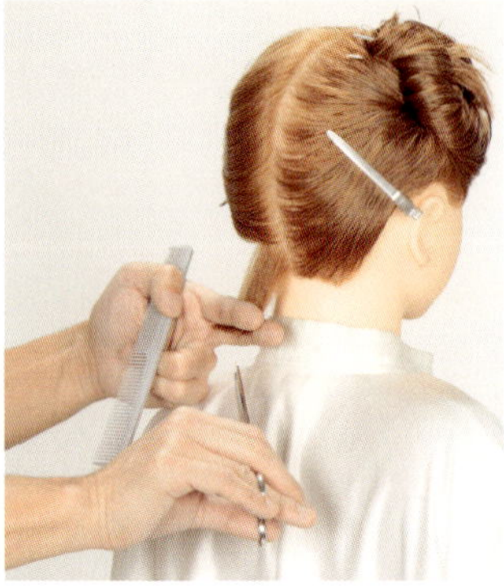

02 第1セクションは指2本分くらいの高さでセクションラインと平行にカット。

03 その上のセクションは徐々にリフトアップしてカットし、軽いG構成のインターナルにしていく。

04 さらにリフトアップしていく。求めるグラデーションをイメージしながら、毛先の落ちる位置を計算してカットしよう。

05 ここからデザインポイントになるステップをつくるため、一気にリフトダウンしてカット。

06 同じ高さにリフトダウンして、ステップの厚みをさらに強めていく。強いウエイトラインが生まれていることを確認しよう。

リフトアップとリフトダウンを組み合わせる

ネープ部分をリフトアップし、ミドルのパネルを2枚だけリフトダウンしたことで、ステップが生まれている。これはバルーン系3でも説明したアンダーとミドルの特性がさらに強調されているため。ここではネガティブに捉えられやすいステップを、あえてデザインに取り込むためのトレーニングをしていこう。

07 サイドの第1パネルはステムを上げてカットし、やや柔らかいアウトラインにする。最後にアウトラインのエッジを整えやすくするため。

08 次のパネルはリフトダウンして、ここからはバックの強いウエイトラインとつなげていく。

09 最終パネルもリフトダウンして、強いステップをつくる。

064 左手コントロール編 | LEFT HAND CONTROL

クロスチェックでインターナルを観察してみよう

アンダーは短く軽めのG、ミドル、オーバーは長く、重いGになっている。断面を見てみると、アンダーはGの幅が広く、その上にのっている部分は、Gの幅が狭いのがわかる。

ここでは、これを身につけるべし!

ここではステップをつくる練習をしていこう。ステップをつくるためには、ステップが見える場所以外のところを極端に短くするか、軽くしないと、ステップを感じることができない。ここでは、リフトアップとリフトダウンを組み合わせて、ステップをつくっていこう。

オーバーセクション

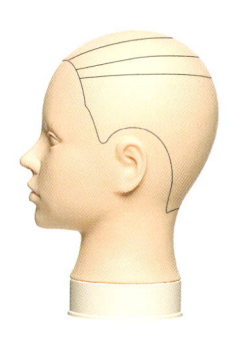

01 オーバーも横スライスでカットしていく。

02 アンダーの最終パネルの位置にリフトダウンしてセクションラインと平行にカット。アンダーでつくったステップラインとつなげていく。

03 02と同じ高さにリフトダウンしてカット。ステップラインが曲がったり、ぶれたりしていないか確認しながらカットしていく。

アンダーの最終パネルの位置ですべてカット

オーバーは、アンダーの最終パネルの位置に、パネルをすべて集めてカットした。それによって、**アンダーで生まれていたステップがさらに強調されている。軽いものの上に、重いものがのるとステップが生まれるということ**を覚えておこう。

04 トップまで同様にカットする。

05 フロント付近はリフトアップしやすいので細心の注意を払ってリフトダウンを心掛ける。

06 その上も、同様にリフトダウンしてカット。

07 トップまで同じ高さにリフトダウンしてカット。カットしたら、ウエイトラインを必ず確認しよう。

POINT

フロントをカットする際に、リフトアップしすぎたり、ODをかけたりするとステップラインが乱れるだけでなく、アウトラインが軽くなってしまうので注意しよう。

DESIGN DRILL **065**

A1 バルーン系1〜5の切り方を見ていこう

バルーン系5

アンダー　オーバー

アンダーセクション

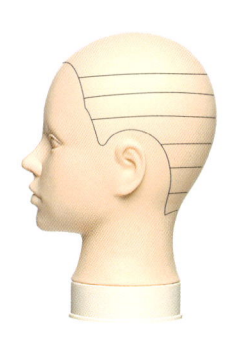

01 アンダーは横スライスでカットしていく。

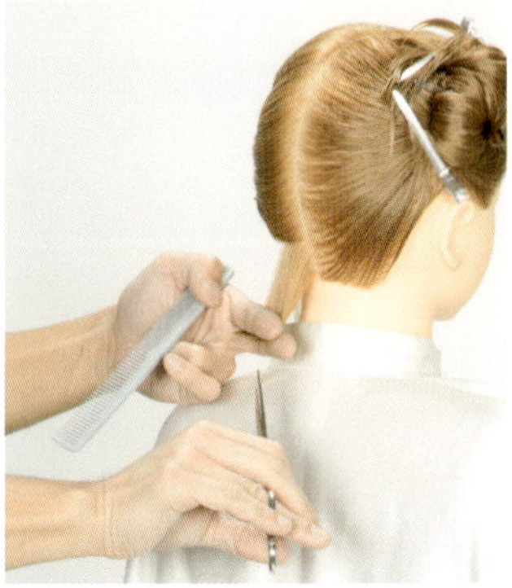

02 第1セクションは指2本分くらいの高さで、セクションラインと平行にカットする。

03 次のセクションから徐々にリフトアップして、軽いG構成にしていく。

04 この辺りからは常に最終的なウエイトの位置をイメージしながら、正確なリフティングでカットしていく。

05 毛先の落ちる位置を計算して、リフトアップの角度に集中しよう。

06 最終パネルはこのくらいまでリフトアップ。各パネルを切り終わったら、必ずグラデーションとウエイトの位置を確認しよう。

第1セクションからリフトアップして軽いフォルムに

バックもサイドも第1セクションのステムを上げてカットしたことで、ウエイトラインが上がり、さらにアウトラインの段差が広くなっている。特にバルーン系3と比べてみると、**サイドのアウトラインが柔らかくなっているのがわかる。**

07 サイドの第1セクションもステムを上げてカット。これはアウトラインに少し丸みを加えて、ソフトにするため。

08 ここからは丸いフォルムをつくるイメージでリフトアップしていく。

09 各セクションを切る前に、必ず切り終わったフォルムを確認したうえで、リフトアップして丸さをつくっていくこと。

066　左手コントロール編｜LEFT HAND CONTROL

クロスチェックでインターナルを観察してみよう
トップの一部がセイムレイヤーで、他は軽めのGになっている。断面を見ると、ウエイトラインのコーナーが削られていて丸みのあるフォルムになっていることがわかる。

ここでは、これを身につけるべし！
バルーン系の中で、最も軽いフォルムをつくっていこう。アンダーは、求めるフォルムとウエイトをイメージしながら、リフトアップしてカットしていくこと。オーバーはセイムレイヤーに近いGを入れていくトレーニング。軽いGをかけると丸みのあるフォルムになるという感覚を身につけよう。

オーバーセクション

セイムレイヤーに近いGで丸みのあるフォルムに

リフトアップしてセイムレイヤーに近い軽いGでカットしたことで、適度な丸みのあるフォルムになっている。また、最終パネルを一気にリフトアップしてセイムレイヤー状にカットしたことで、ウエイトラインの厚みが削られている。**滑らかな丸みのあるフォルムをつくる場合はセイムレイヤーを意識しながらGをかけること。**

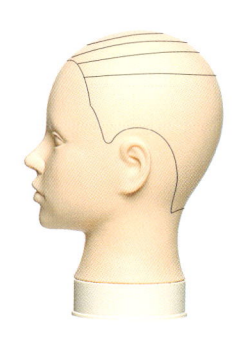

01 オーバーは横スライスでカットしていく。

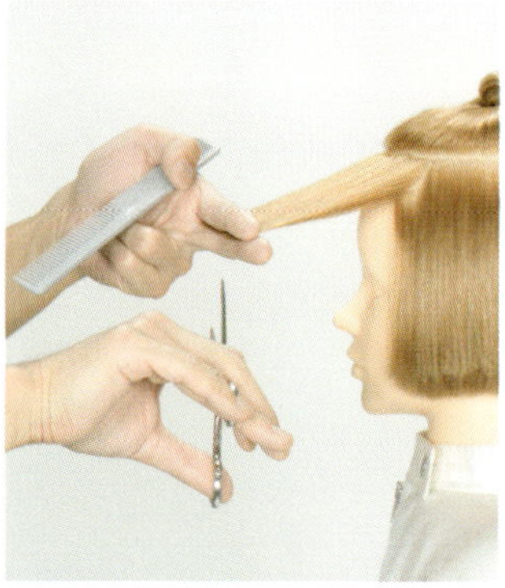

02 丸さと水平のウエイトバランスにするためフロント側からカット。第1セクションはステムを下げ、Gアングルでカット。丸みのあるエクスターナルにする。

03 フロントは、額の上に髪がたまりやすいので、リフトアップして重さを取り除きつつ、フォルムに丸みを出す。

04 上に行くに従い、リフトアップして重さを取り除く。軽いGアングルでカットすることで重さが生まれ、リフトアップすることでフォルムに丸さが生まれる。

05 バックもアンダーでつくられたウエイトをさらに丸くするために、リフトアップしてカット。

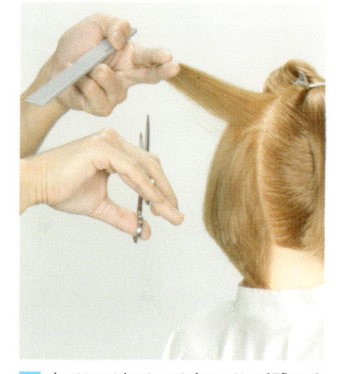

06 すでにできているウエイトが残りすぎて重くならないように注意しながら、リフトアップを心掛ける。

07 各パネル、フォルムとグラデーションを確認しながらカットを進める。ウエイトを計算した上でのリフティングに徹する。

08 最終パネルはオンベースに近いところまでリフトアップして、表面に被ってくるフォルムの厚みを取り除く。

POINT
トップを思い切りリフトアップして重さを取り除くことで、すでにつくったGのフォルムがより立体的に強調される。また、丸みのあるフォルムになる。

DESIGN DRILL 067

Q2 マッシュ系（前上がり）のボブを5点カットしていこう。アンダー、オーバーでそれぞれフォルムを比較しよう。

マッシュ系1

マッシュ系2

マッシュ系3

▶ 詳しくは **P070** へ

▶ 詳しくは **P072** へ

▶ 詳しくは **P074** へ

マッシュ系4　　　　　マッシュ系5

> ### ADVICE
> 水平ラインのボブに引き続き、通称、ラウンドグラデーションと呼ばれる前上がりのボブをトレーニングしていこう。

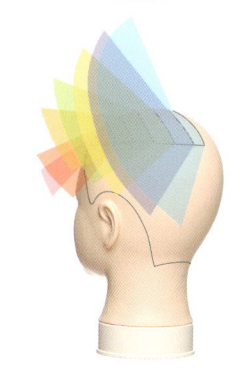

▶ 詳しくは **P076** へ　　　▶ 詳しくは **P078** へ

> ### ADVICE
> パネルが斜めになり、リフティングだけでなく、ODもかかってくるので、さらに正確なパネルのコントロールを身につけよう。

DESIGN DRILL　069

A2 マッシュ系1〜5の切り方を見ていこう

ここからは、ラウンドグラデーションと呼ばれている、前上がりのボブスタイルを5パターントレーニングしていきます。オーバーダイレクションとリフティングを操作することで、どうフォルムが変わるかに注目していきましょう。

マッシュ系1

アンダー　オーバー

アンダーセクション

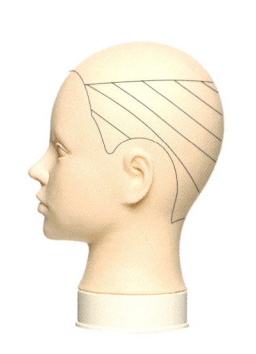

01 斜めスライスでカットしていく。

02 前方にODをかけながら、ステムを下げて求めるラインでカット。

03 次のセクションも、前方にODをかけながらカット。バックへと切り進む。

04 ヘアラインの影響でアウトラインに穴を開けないようにリフトダウンし、後ろに切り進むほどODを緩める。

05 正中線はほぼODをかけない。アウトラインとなる部分なので切り終わったら必ずラインをチェックしよう。

06 丸さのあるG系フォルムをつくるため、上に切り進むほど、徐々にリフトアップしてカットしていく。

07 リフトアップの角度を大きくするとウエイトが高くなり、小さくすると低くなることを理解しよう。

08 やや前方にODをかけながら、リフティングに細心の注意を払ってカット。

09 前上がりのエクスターナルに対し、インターナルまで前上がりにすると非常に重くなるので、

10 正中線付近はODを緩めリフトアップしてカット。バックのウエイトを、水平に近づける。

11 常に切り終わったグラデーションを確認して、Gをかけながら切り進む。

12 強いウエイトポイントを作るために、アンダーの最終パネルはリフトダウンしてカットする。

前方に少しODをかけてカット

フロント側を、前方にODをかけて切ることで、前上がりのアウトラインとウエイトラインが生まれる。**バックに向けて、ODを徐々に緩めていくことで、前上がりのアウトラインに対して、水平のウエイトラインへと移行していく。さらに、バック正中線上はODをかけずに、リフティングだけでGをかけていくことで、より水平に近いウエイトラインに変化していく。**また上に切り進むに従いリフトアップしていくことで、丸みのあるフォルムになる。

070　左手コントロール編｜LEFT HAND CONTROL

クロスチェックでインターナルを観察してみよう

アンダーは重めのG、オーバーはリフトアップしてカットしたため軽めのGになっている。オーバーが軽めのGになっているので、丸みのあるフォルムになっている。

ここでは、これを身につけるべし！

前方にODをかけることによって、どのくらい長さの差が生まれるかを理解しよう。斜めにパネルをとって、フロント側は前方に少しODをかけ、バックに切り進むにつれてODからリフティングに切り替えるトレーニングをしていこう。

オーバーセクション

前方へのODからリフティングに移行してカット

骨格の性質を理解して、原理に伴ったリフティングを心掛けること。頭は丸くカーブしていて、サイドから見たときにはイア・トウ・イアの辺りが最も出っ張っている。それを強調するため、**フロント側は前方へODをかけてリフトアップし、イア・トウ・イアはODを緩ませながらリフトダウン、バック正中線付近はリフトアップすることで、立体感が生まれ、丸みのあるシルエットになる。**

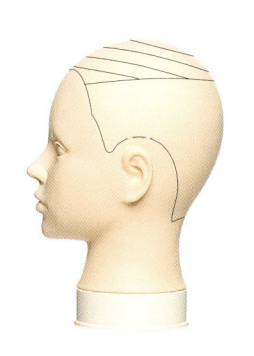

01 オーバーも斜めスライスでカットしていく。

02 フロント側はアウトラインをつくるところなので、ステムを下げてカット。

03 こめかみの辺りからは、ややODをかけながら、リフトアップし、重さの中にも丸みのあるフォルムにする。

04 その上のセクションから、丸いシルエットをつくることをイメージして、ややリフトアップしてカット。

05 やや前方にODをかけながら、バックに向かいカット。

06 バックに進むに従い、ODを緩め、リフティングだけでカット。ウエイトを上げ、フォルムをさらに丸くする。

07 トップに近いフロントの辺りは、アウトラインに厚みが残りすぎるのを防ぐため、さらにリフトアップする。

08 前方にODをかけながら、徐々にリフトダウン。丸いフォルムをイメージし、髪の落ちる位置を計算しよう。

09 イア・トウ・イアまでは除々にODを緩め、さらにリフトダウンし、丸さをつくっていく。

10 イア・トウ・イアからは、正中線に向かうに従ってODをかけずに、徐々にリフトアップに切り替えていく。

11 フロントの丸さに合わせたウエイトコントロールをするため、常に前後のバランスを意識すること。

12 トップはウエイトラインに穴が開きやすいのでODをかけず、髪が自然に落ちる位置でリフトアップしてカット。

DESIGN DRILL 071

A2 マッシュ系1〜5の切り方を見ていこう

マッシュ系2

アンダー　オーバー

アンダーセクション

**ODから
リフティングに移行してカット**

マッシュ系1と同じように、フロント側はODをかけてリフトダウンし、バックに切り進むにつれてリフトアップしてカットしている。ただし、リフトアップする角度を低くしているため、Gの幅がマッシュ系1よりも狭くなっている。また、**レングス設定を短くすることで、重いGをかけても丸みのあるフォルムに見えている。**

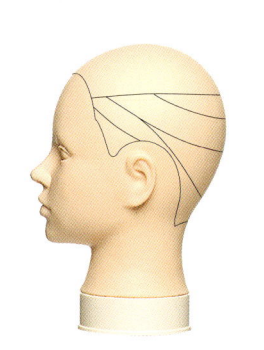

01 斜めスライスでカットしていく。

02 やや前上がりのアウトラインをつくるため、前方に少しODをかけてカット。

03 強いアウトラインと重いウエイトをつくる目的で、リフトダウンしてカット。

04 ここからは前上がりのアウトラインを延長するため、ややODをかけながらリフトダウンしてつなげていく。

05 アウトラインに穴が開かないように、リフトダウンしてアウトラインをつなげる。

06 ネープ付近は前上がりの角度を緩めるためODを緩め、リフトダウンして、アウトラインとつなげる。

07 次のセクションから、ネープは指1本分リフトアップしてグラデーションを入れる。

08 指1本分のGがかかり、アウトラインにグラデーションがつき、ワンレングスの角が削られる。

09 同様に耳周辺はややODをかけながら、指1本分リフトアップする。

10 徐々にODを緩めながら、リフトアップしていく。

11 ODを緩め、リフトアップのみに切り替えることで、バックのグラデーションのつき方は徐々に広くなる。

12 このパネルの積み重なりによる原理に伴ったテクニックが立体感を生む。最終パネルまでカット。

072　左手コントロール編 | LEFT HAND CONTROL

クロスチェックでインターナルを観察してみよう

ワンレングスに近い非常に重いGになっている。断面を見ると、ウエイトが低い位置に設定されているのがわかる。

ここでは、これを身につけるべし！

アンダーでは、少しレングスを短くして、マッシュ系1と同じ要領で練習をしよう。長さが異なると、どのくらいフォルムが変わるかに注目。オーバーではリフトダウンすることで、どのくらい重くなるのかをカットをしながら確認していこう。

オーバーセクション

すべてのパネルをリフトダウンしてカット

ここでのテクニックを使って、逆にイア・トウ・イアよりも後ろをリフトアップしていくと、ウエイトポイントは上がり、ウエイトラインは水平になっていく。リフトアップする角度を大きくしていけば、ウエイトポイントはさらに上がり、ウエイトラインは前下がりになる。つまり、**リフティングの角度でウエイトが決まり、ウエイトの位置によってフォルムは変化する。**

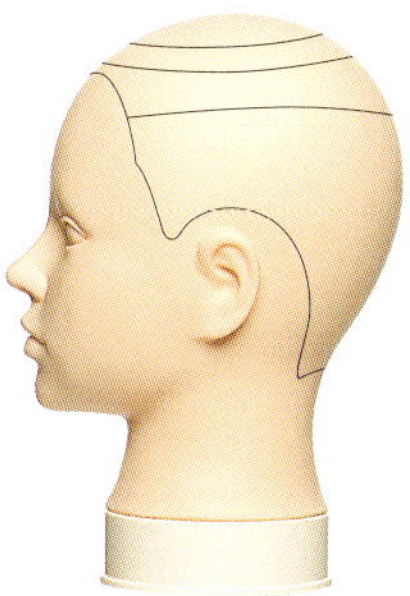

01 オーバーは、ほぼ横スライスでカットしていく。

02 フロント側から、アウトラインにあわせてODをかけずにリフトダウンしてカット。

03 指1本分のGをかけることで、アウトラインにやや丸さをつくることができる。

04 ここからは求めるフォルムをイメージしながら、リフトダウンしていく。

05 ウエイトポイント付近は、アンダーに合わせてさらにリフトダウンしていくが、

06 ステップがつきすぎないように、リフティングの角度には注意すること。

07 フロント側は、重さと厚みを保つためにリフトダウンする。

08 カットしたら必ずグラデーションのつき方とウエイトラインを確認しよう。

09 バックのウエイトポイントに向かって、さらにリフトダウンしていく。

10 最終パネルは髪が自然に落ちる位置でリフトダウンしてカット。

11 ガイドラインに合わせて、リフトダウンしてカット。

A2 マッシュ系1〜5の切り方を見ていこう

マッシュ系3

アンダー　オーバー

アンダーセクション

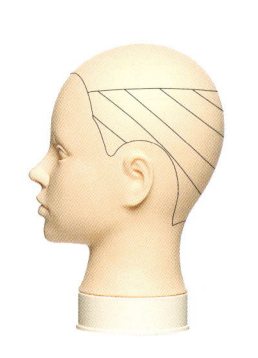

01 斜めスライスでカットしていく。

02 第1セクションは、ステムを下げて前方にODをかけながらカット。

03 その上のセクションもリフトダウンして、やや前方にODをかけてカット。前上がりのアウトラインをつくる。

04 アウトラインとなるエクスターナルはしっかりリフトダウンし、最終的なアウトラインと同じ形にカットする。

バック正中線のカットアングルを頭の丸みに平行にする

マッシュ系1〜2同様にイア・トウ・イアより前は前方にODをかけながらカットしているが、**バック正中線付近は後方にODをかけ、切り口を頭の丸みに対して平行にしている**。そのため、バック正中線が短くなり、ウエイトが上がっている。指の角度に注目しよう。

05 この辺りからODを緩め、指の角度を操作してカットアングルを徐々に頭の丸みに対して平行にしていく。

06 バック正中線付近はODをかけずにカット。アウトラインが長くなりバランスが悪くなるため。

07 イア・トウ・イアよりも前は、前方にODをかけながらカット。

08 徐々にODを緩めて、カットアングルを平行にしていく。

09 バックはやや後方にODをかけリフトアップ。ウエイトラインが上がり、きれいなグラデーションになる。

10 同様に、イア・トウ・イアよりも前は、前方にODをかけながらカット。

11 バック正中線付近は徐々にカットアングルを平行にし、やや後方にODをかけリフトアップしていく。

12 求めるフォルムをイメージした上で、正確なリフティングとカットアングルを決めていこう。

クロスチェックでインターナルを観察してみよう

全体的に軽めのGになっている。断面を見ると、Gの幅が広くなっているのがわかる。

ここでは、これを身につけるべし！

バックのウエイトを上げていくトレーニング。バックの正中線付近のパネルのカットアングルを頭の丸みに対して平行に変えることで、どのくらいフォルムが変わるかに注目。

オーバーセクション

テンプルより前のアウトラインが前下がりになる

テンプルより前は、前方にODをかけているが前下がりのアウトラインになっている。これは指の角度を、正中線部分を高く、テンプル部分を低くしているので、正中線付近にはODがかかり、テンプルはリフトダウンされるため。**エクスターナルは指の角度、すなわちカットアングルでアウトラインが決まることを理解しよう。**また、バックをもっとリフトアップすればウエイトが上がり、前方へとつながるウエイトラインは前下がりとなる。

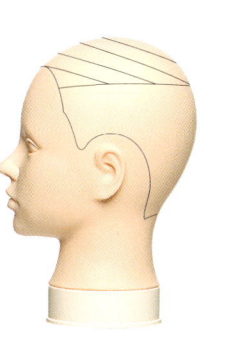

01 横に近い斜めスライスでカットしていく。

02 フロントから前方にODをかけながら、アンダーのアウトラインを延長するイメージでカット。

03 テンプルはリフトダウンされ正中線付近はODがかかるため、前下がりのアウトラインになることに注目。

04 徐々にリフトアップしてウエイトを少し上げながら、フォルムを丸くしていく。

05 このようにリフトアップしてカットすることで、アウトラインとウエイトラインに適度な丸みが生まれる。

06 同様にリフトアップしながら、サイドへと切り進む。

07 後ろに切り進むにつれて、ODを小さくし、リフトアップしていく。

08 この辺りからカットアングルを頭の丸みと平行にし、アンダーでカットしたガイドに合わせてカットする。

09 クラウン付近はさらにリフトアップしてカットし、軽いGを加え、フォルムの丸さをつくっていく。

10 軽いGを加えていくことでウエイトラインは滑らかになり、フォルムに柔らかな丸みが生まれる。

11 トップまで同様にリフトアップして軽いGを加える。常に丸みのあるフォルムをイメージしよう。

12 この際に、リフトアップしすぎて、インターナルの構造がLに変わるとウエイトが逆に下がるので注意しよう。

DESIGN DRILL 075

A2 マッシュ系1〜5の切り方を見ていこう

マッシュ系4

アンダー　オーバー

アンダーセクション

斜めスライスで取り、リフトアップしてカット

斜めにスライスを取って、徐々にリフトアップしてカットしたことで、丸みのあるフォルムになっている。特に**イア・トゥ・イアより後ろをリフトアップしたことで、バックのウエイトが上がり、Gの幅が広くなっている。**

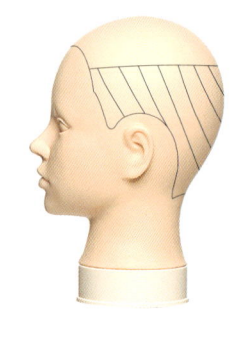

01 縦に近い斜めスライスでカットしていく。

02 第1セクションは前方にODをかけながら、ステムを下げてカット。

03 第2セクションも前方にODをかけ、求めるアウトラインをイメージしながらエクスターナルをカット。

04 そのままバックに切り進む。

05 切り口の角度を頭の丸みに対して平行に切り替えていき、バランスのよいアウトラインを心掛ける。

06 アウトラインをカットする時は、必ずヘアラインを意識してカットアングルを決めること。

07 イア・トゥ・イアより後ろは、ODをかけながら徐々にリフトアップしていく。

08 そのままリフティングとODを同時にコントロールしながら、ガイドラインに合わせてカットしていく。

09 同様に後ろへと切り進む。ODをかけすぎるとウエイトラインは前上がりになるので注意を払うこと。

10 バックはODをかけずにカットアングルを頭の丸みに対して平行にすることで、ウエイトラインは上がっていく。

11 この辺りからウエイト付近に入ってくるので、リフトアップしてカットする。

12 ODをかけずに頭の丸みに対して平行のカットアングルでカットし、求める水平のウエイトラインにする。

076　左手コントロール編 | LEFT HAND CONTROL

クロスチェックでインターナルを観察してみよう

アンダーは軽めのGになっていて、オーバーも比較的軽めのGになっている。そのためしなやかな丸みのあるフォルムになっている。

ここでは、これを身につけるべし！

今度はさらにGの幅を広くするGのかけ方のレッスン。縦に近い斜めにスライスを取って、リフトアップしてカットしていこう。バルーン系のときに学んだことを思い出しながらカットしていくこと。リフトアップする角度とフォルムの関係を、徹底的に身につけよう。

オーバーセクション

**リフトアップして
ウエイトを美しくみせる**

オーバーはアンダーで設定したウエイトをより美しく見せるため、徐々にリフトアップしてカットしていく。また、イア・トウ・イアより前はアンダーの最終パネルの位置にリフトダウンし、後ろは少しずつリフトアップする。そうすることで、**フロントとバックのウエイト位置は同じだが、フロントが重く、バックがやや軽くなり、奥行きのあるフォルムになる。**

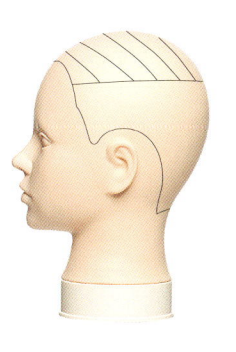

01 斜めスライスでカットしていく。

02 第1セクションは前方にODをかけ、アンダーの最終パネルの位置までリフトダウンしてカット。

03 フロント側は前方にODをかけ、リフトダウンしてカット。重さをつくることに意識を集中しよう。

04 イア・トウ・イアより前まではリフトアップせずにカットし、フロントに重さを残す。

05 この辺りから、ODを緩めややリフトアップしていき、ウエイトラインにつなげていく。

06 トップは滑らかな丸みをつくるために、ODをかけながら、少しリフトアップしてカット。

07 徐々にリフトアップしながらODを緩めていく。

08 そのままバックまでカットしていく。

09 イア・トウ・イアより後ろのパネルはODを緩め、リフトアップしてカット。

10 ODとリフティングをコントロールしながら、すでにできているウエイトラインにつなげていく。

11 各セクション、毛先の落ちる位置を計算しながらカットアングルを決め、リフティングとODをコントロールする。

12 バックはODを緩め、リフトアップしてカットする。

DESIGN DRILL 077

A2 マッシュ系1〜5の切り方を見ていこう

マッシュ系5

アンダー　オーバー

アンダーセクション

**斜めパネルで
リフトアップしてカット**

斜めパネルでオンベース近くまでリフトアップしてカットしたので、かなり軽いフォルムになっている。その際に、水平なウエイトラインを意識すること。ODはあまりかけずに、つねに各パネルをリフトアップしていくことを心掛けよう。ただし、リフトアップしすぎるとフラットになりすぎるので、骨格を意識しながら各パネル慎重にリフティングのコントロールをしていくこと。

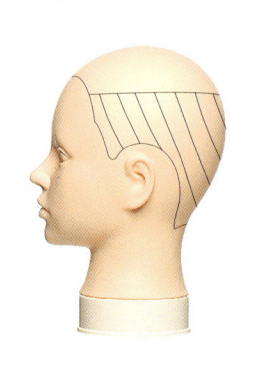

01 斜めスライスでカットしていく。

02 第1セクションを、前方に引き出してカット。カットアングルがアウトラインになるので慎重に決めよう。

03 第2セクションからオンベース近くまでリフトアップしてカットする。

04 水平なウエイトラインを意識しながら、リフトアップしていこう。

05 ネープまでセクションを取り、アウトラインとなる長さを考えながらカット。

06 この際ODをかけすぎると重いアウトラインになるので、リフティングでアウトラインの厚みを調節しよう。

07 バックまでカット。

08 そのまま斜めパネルで切り進む。カットしながら、常に水平なウエイトラインができることを意識すること。

09 リフティングをコントロールしながら、この辺りからインターナルの構造をイメージしてカットしていこう。

10 徐々に縦に近い斜めパネルに移行していくことで、インターナルの構造をイメージしやすくする。

11 常にインターナルの構造を計算して、パネルの角度を決めていこう。

12 最終パネルまでカット。切り終えたら、フォルムとウエイトライン、グラデーションのつき方を確認しよう。

078　左手コントロール編｜LEFT HAND CONTROL

クロスチェックでインターナルを観察してみよう
アンダーもオーバーも軽めのGになっている。断面を見てみると、かなりGの幅が広くなっているのがわかる。

ここでは、これを身につけるべし!
アンダーでつくったウエイトラインをいかにきれいに見せるかは、オーバーの左手のコントロールにかかってくる。ここでは、リフトアップ⇒リフトダウンに切り替えて、フォルムを滑らかに見せるテクニックを身につけよう。

オーバーセクション

セイムレイヤーに近いGでカット

アンダーで設定した水平に近いウエイトラインをきれいに見せるため、パネルを徐々にリフトアップしてカット。そのため、**オーバーにも緩やかなGがかかり、また滑らかな丸みのあるフォルムになっている。**この際、マッシュ系4よりもリフトアップし、セイムレイヤーに近いGをかけているので、かなり段差が生まれている。

01 斜めスライスでカットしていく。

02 第1セクションをカット。アンダーで設定したウエイトラインに合わせて、前方にODをかけてカット。

03 第2セクションはややリフトアップしてカット。アウトラインに丸みが生まれる。

04 丸さをつくるイメージでリフトアップし、すでにカットされているウエイトラインにつなげていく。

05 フロント付近は重さがたまりやすいので、さらにリフトアップしてカット。

06 同じセクションの後方は、徐々に角度を下げながら、ウエイトラインにつなげていく。

07 トップは前方にODをかけリフトアップ。仕上がりのフォルムをイメージし毛先の落ちる位置を計算しよう。

08 ウエイト付近のミドルセクションにかかるところはODを緩め、徐々にリフトダウンして、ウエイトにつなげる。

09 後ろに切り進むにつれて、ODを緩めてリフトアップしていく。

10 各セクション、フォルム、ウエイトの位置を確認しながら、切り進めていくこと。

11 滑らかなフォルム、丸みをつくるため、クラウンはセイムレイヤーに近いGになるところまでリフトアップ。

12 バックのウエイト付近はリフトダウンしてカットすることで、立体感が生まれる。

DESIGN DRILL 079

Q3 グラボブ系（前下がり）のボブを5点カットしていこう。
アンダー、オーバーでそれぞれフォルムを比較しよう。

グラボブ系1

グラボブ系2

グラボブ系3

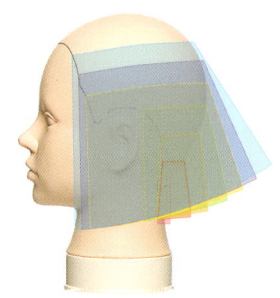

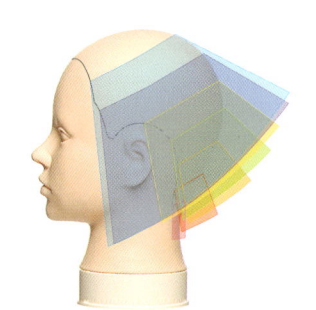

▶ 詳しくは **P082** へ

▶ 詳しくは **P084** へ

▶ 詳しくは **P086** へ

080　左手コントロール編 | LEFT HAND CONTROL

グラボブ系4

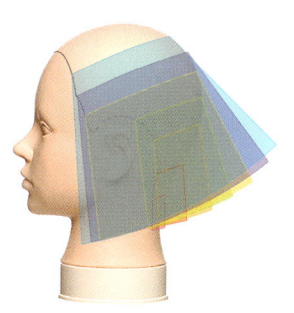

グラボブ系5

> **ADVICE**
> 前下がりボブは、
> パネルのコントロールを誤ると
> アウトラインに穴が開きやすいので、
> 1パネル1パネル慎重にカットしていこう。

▶ 詳しくは **P088** へ

▶ 詳しくは **P090** へ

> **ADVICE**
> スライスの角度やODのかけ方、
> リフティングの違いによって、
> どのようにフォルムが変わるか、
> Gの入り方が変わるかに注目。

DESIGN DRILL 081

A3 グラボブ系1〜5の切り方を見ていこう

ここからは、前下がりのスタイルでウエイトラインのコントロールを学んでいきましょう。
グラボブ系はラインが乱れやすくなるので、3つの中で一番難しいと思いますが、がんばってトレーニングしていきましょう。

グラボブ系1

アンダー 　オーバー

アンダーセクション

ほぼ横に近いスライスで、指一本ずつリフトアップしてカット

バックは、指1本ずつリフトアップしてカットしたことで、適度にGがかかっている。イア・トウ・イアより前方は、徐々にリフトダウンすることを心掛けること。**無理なリフトアップをしてしまうとGがかかって、アウトラインが薄くなってしまったり、ラインが乱れたりしてしまう。**

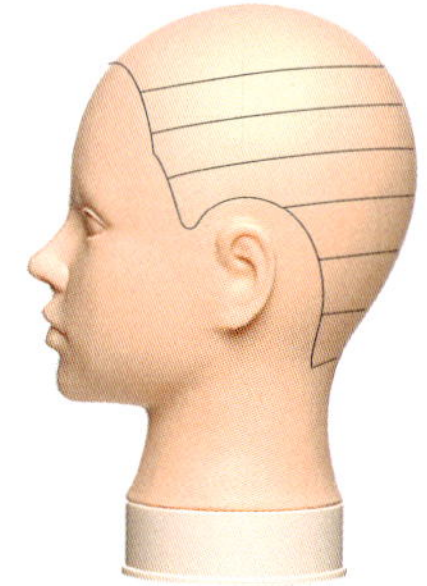

01 ほぼ横に近いスライスでカットしていく。

02 第1セクションは指1本分の高さでやや前下がりにカット。ここがネープのアウトラインとなる。

03 第2セクション以降は、正中線上はリフトアップしてウエイトを上げていくが、

04 耳後ろに切り進むにつれ、徐々にリフトダウンして、前下がりの角度をつけていく。

05 同様に、正中線上はリフトアップしてウエイトをコントロール。

06 フロントへ向けてリフトダウンしながら、前下がりのアウトラインにつなげていく。

07 この際にリフトアップしてしまうとアウトラインが乱れるので、リフティングの角度に注意しよう。

08 各セクション、常にウエイトラインを意識して、左手をコントロールしていこう。

09 その際に、リフトアップしすぎるとウエイトラインが乱れ、アウトラインが薄くなるので気をつけよう。

10 徐々にリフトダウンして、前方へと切り進む。

11 サイドはしっかりとリフトダウンしてカットする。

12 上までカット。切り終えたらウエイトの位置とグラデーションのつき方、前下がりのラインを確認しよう。

クロスチェックでインターナルを観察してみよう

アンダー、オーバーともかなり重いGになっている。断面を見ると、骨格に対してのリフティングの操作で、フォルムが変わることがわかる。

ここでは、これを身につけるべし!

指1本ずつリフトアップすることで重めのグラデーションがつくこと、またイア・トウ・イアより前方はリフトダウンしてカットすることで、きれいな前下がりのラインができることを理解しよう。的確なリフトアップとリフトダウンのコントロールを目指そう。

オーバーセクション

イア・トウ・イアより前方はODを緩めてリフトダウン

オーバーはアンダーで切ったガイドラインまでリフトダウンしてカットしているため、ウエイトラインがはっきりと見えている。イア・トウ・イアよりも後ろはやや後方にODをかけ、徐々にODを緩めていく、ということを感触としてつかんでいこう。このときに**ODをかけすぎるとウエイトラインは乱れ、極端にかけすぎるとウエイトラインに穴があくので注意すること。これは、頭が丸く、オーバーの髪は放射状に落ちるためである。**

01 オーバーもアンダーと同様に、横に近い斜めスライスでカット。

02 第1セクションはアンダーのウエイトを強調するため、アンダーの最終パネルの位置までリフトダウンする。

03 少し後方にODをかけながら、前方へとカット。

04 徐々にODを緩めながら、リフトダウンしていき、

05 アウトラインにつなげていく。ここで必ずウエイトラインを確認しよう。

06 02で強調したウエイトに丸さと柔らかさをつけるために、リフトアップしてカット。

07 少し後方にODをかけながら、リフトダウンしていく。

08 フロントに切り進むにつれて、さらにリフトダウンし、

09 徐々にODを緩めながら、アウトラインにつなげていく。

10 そのまま上に切り進む。後方に少しODをかけながらリフトダウンし、滑らかなウエイトラインから、

11 シャープなアウトラインにつなげていく。

12 トップは、髪が自然に落ちる位置でリフトダウンして、フロントのアウトラインにつなげる。

DESIGN DRILL **083**

A3　グラボブ系1〜5の切り方を見ていこう

グラボブ系2

アンダー　オーバー

アンダーセクション

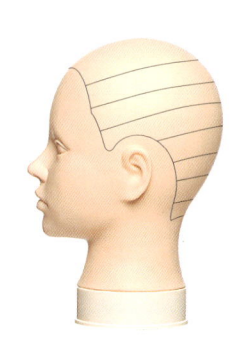

01 グラボブ系1よりもスライスをやや斜めに取ってカットする。

02 第1セクションを、指1本分の高さでカット。

03 徐々にリフトアップしながら、ウエイトをつくっていく。

04 正中線上は、リフトアップすることで、ウエイトが上がり、

横に近い斜めスライスでカット

グラボブ系1よりもやや斜めにスライスを取り、リフトアップすることで、バックのGの幅が広くなっている。それに伴って、ウエイトポイントも高くなり、前下がりの角度も急になっている。ここでも**バック正中線上はリフトアップし、フロントサイドにいくにつれて、リフトダウンしながらODを徐々に緩めることを心掛けよう**。そして、左手をコントロールしながら、骨格の性質と髪の落ちる位置を理解しよう。

05 徐々に後方にODをかけながらリフトダウンしていくことで、前下がりのウエイトラインができる。

06 サイドまでセクションを取り、正中線上はODをかけずにリフトアップしてカット。

07 後方にODをかけながら、徐々にリフトダウンしてカットしていく。

08 サイドはODをかけずにリフトダウンして、前下がりのアウトラインにつなげてカットしていく。

09 同様に正中線上はウエイトの位置とインターナルのGをイメージしながら、リフトアップしていく。

10 徐々にリフトダウンしながら、アウトラインにつなげていく。

11 徐々にリフトアップしながら、上まで切り進む。必ず各セクションを切り終えたら、

12 フォルムとウエイトライン、グラデーションのつき方を確認しながら、土台となるアンダーを完成させていこう。

084　左手コントロール編｜LEFT HAND CONTROL

クロスチェックでインターナルを観察してみよう
全体的にグラボブ系1よりも軽めのGになっている。断面を見ながら、Gの構造とリフティングの関係を常に意識できるようになろう。

ここでは、これを身につけるべし！
グラボブ系1よりも、スライスを斜めに取って、バックをリフトアップしてカットしていこう。それによって前下がりのラインが強くなり、ウエイトが上がることに注目。

オーバーセクション

バックはリフトアップし、トップ～フロントに向けODを緩める

オーバーも、スライスをグラボブ1よりも角度のついた斜めに取ったことで、角度の急な前下がりのラインになっている。また、**上に切り進むにつれてバックを少しずつリフトアップしたことで、バックのGの幅が広くなり、よりシャープな印象が増す。**

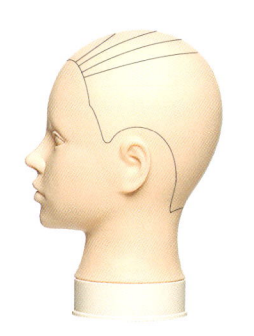

01 グラボブ1よりもやや角度のついた斜めスライスでカットする。

02 ウエイトポイントを強調するために、アンダーの最終パネルの位置までリフトダウンしてカット。

03 後方にODをかけながら、リフトダウンしてカット。

04 ODをキープしながら、リフトダウンしていく。

05 きれいな前下がりのウエイトラインにするためODをキープしながら、リフトダウンしアウトラインとつなげる。

06 クラウンはウエイトポイントを滑らかに見せるため、ODをかけながら、ややリフトアップしてカット。

07 前方に切り進むにつれて、リフトダウンしていく。

08 フロントのアウトラインはODを緩めて、前下がりのウエイトラインから、アウトラインにつなげる。

09 髪が放射状に落ちるトップセクションは、ODをかけずにリフトダウンしてカット。

10 前下がりのウエイトラインとアウトラインに集中して、カットを進める。

11 左手のコントロールがウエイトラインとアウトラインをコントロールしているという感覚を身につけよう。

12 フロントのアウトラインまでつなげていく。

A3 グラボブ系1〜5の切り方を見ていこう

グラボブ系3

アンダー　オーバー

アンダーセクション

**フロント側も
少しODをかけてカット**

前下がりの角度が急になり、ウエイトの位置も高くなっている。グラボブ系1、2と同様にバックから耳後ろにかけて後方にODをかけ、そこからフロントに向かって徐々にODを緩めてカットしている。ただし、**ウエイトラインが急になればなるほど、フロントもややODをかけないときれいな前下がりにならないので、フロント側にも若干ODをかけている**。その結果、グラボブ1と比べるとフロントにもGが入っているのがわかる。

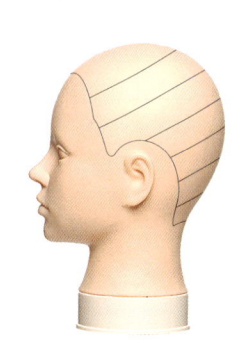

01 前下がりの斜めスライスでカットする。

02 アウトラインをソフトにするために、指2本分くらいの高さにリフトアップしながらカット。

03 インターナルのGに意識を集中して、徐々にリフトアップしていく。

04 前下がりにするために、耳後ろ辺りから、後方にODをかけ始める。

05 正中線上はややリフトアップし、

06 徐々にリフトダウンしながら、後方にODをかけてカットしていく。

07 常にウエイトポイントに合わせてリフトアップし、

08 ウエイトラインに合わせて、リフトダウンしながら、後方にODをかけてカット。

09 アウトラインとなるサイドのエクスターナルに入る辺りからは、ウエイトラインを崩さないように、

10 徐々にODをゆるめ、リフトダウンしながら、前下がりのアウトラインにつなげていく。

11 常に左手に集中して、ウエイトラインを壊さないように、リフティングとODをコントロールする。

12 各セクション、切り終わったら、必ずフォルムとウエイトライン、アウトラインを確認すること。

クロスチェックでインターナルを観察してみよう

バックのウエイトの位置が高くなっている。骨格とリフティングの関係をよく観察し、インターナルのGは、すべて左手のリフティングで構成されているということを理解しよう。

ここでは、これを身につけるべし！

さらにウエイトを上げていくトレーニング。スライスの角度を急にして、バックをリフトアップしてカット。左手のコントロールによって、様々なウエイトラインをつくれるようになろう。

オーバーセクション

ウエイトラインを意識し、徐々にリフトダウン

アンダーで設定したウエイトラインを意識しながら、上に切り進むにつれてリフトダウンしている。徐々にリフトダウンしていくことで、丸みのあるフォルムになり、前下がりのラインをきれいに出すことができる。リフトアップしすぎると、ウエイトラインが乱れるので注意すること。**フロントのアウトラインはODをかけずに、前下がりの切り口でカットすること。**

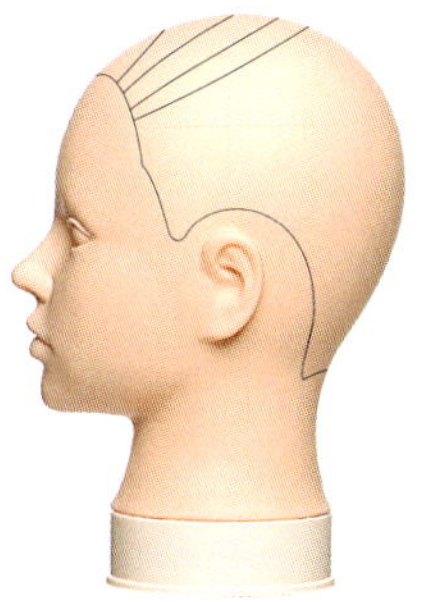

01 オーバーも角度の急な前下がりの斜めスライスでカットしていく。

02 アンダーでつくったウエイトを強調するため、バック正中線上はアンダーと同じ位置までリフトダウンしてカット。

03 角度のついたスライスでリフトダウンしても、ODをかけるのでステップにはならないことを理解しよう。

04 サイドはやや後方にODをかけてカットしていく。

05 ウエイトラインに集中して、後方にODをかけながら、リフトダウンする。

06 カットしたら、必ずウエイトラインを確認すること。

07 サイドはリフトダウンして、前下がりの切り口でアウトラインをつくる。

08 トップセクションは髪が放射状に落ちるため、徐々にODを緩めウエイトラインが上がらないようにカットする。

09 リフトダウンに意識を集中して、ウエイトライン～アウトラインにつなげていく。

10 フロントのエクスターナルは、髪が自然に落ちるところでリフトダウンして、前下がりにカット。

DESIGN DRILL

A3 グラボブ系1〜5の切り方を見ていこう

グラボブ系4

アンダー　オーバー

アンダーセクション

▶▶▶

リフティングで丸みのあるフォルムにカット

バルーン系2に近い、比較的重いグラボブ。バックはリフトアップしているため、Gの幅が広がり、立体感が増している。**サイドに行くに従ってリフトダウンしているため、しっかりとした前下がりのアウトラインができている。**

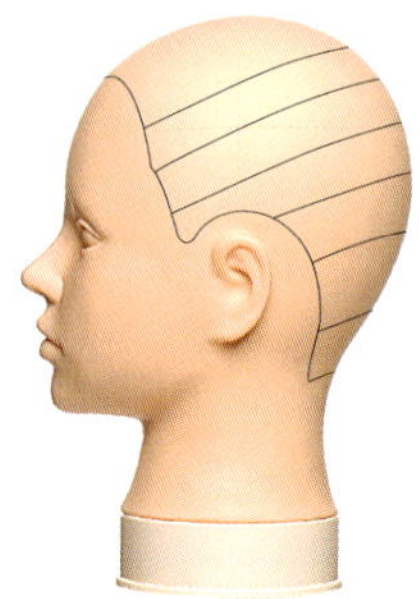

01 アンダーは横に近い斜めスライスでカットしていく。

02 第1セクションは指1本分の高さでカット。

03 徐々にリフトアップしながらウエイトをつくっていく。

04 リフトアップする角度が大きければウエイトが高くなり、小さければ低くなるということを実感しよう。

05 求めるウエイトポイントをイメージしながら、毛先の落ちる位置を計算して、リフトアップしていく。

06 前下がりにするため、徐々に後方にODをかけながら、リフトダウンしていく。

07 サイドのエクスターナルはODをゆるめ、リフトダウンしてカット。

08 正中線上はさらにウエイトポイントを上げるため、リフトアップしてカットする。

09 前方に切り進むにつれて、ODをかけながらリフトダウンして

10 徐々にODを緩め、ウエイトラインからアウトラインにつなげていく。

11 ODとリフティングのかけ方の違いでウエイトラインとGのつき方が変わるということを再確認しよう。

12 フロントはODをほぼかけず、リフトダウンしてアウトラインにつなげる。

088　左手コントロール編 | LEFT HAND CONTROL

クロスチェックでインターナルを観察してみよう

オーバーはセイムレイヤーに近い軽めのGになっている。オーバーの厚みを削ることがフォルムの丸みにつながることがわかる。

ここでは、これを身につけるべし！

アンダーはこれまでの復習として、左手のコントロールができるまで何度も練習していこう。また、オーバーのリフティングによる厚みの削り方をここでは身につけよう。

オーバーセクション

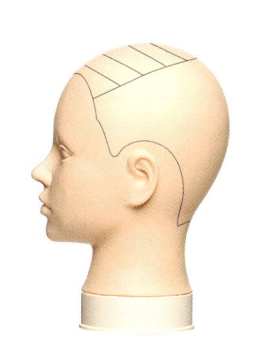

01 オーバーは前上がりの斜めスライスでカットしていく。

02 フロントから前方にODをかけLアングルでカット。フロントのコーナーを削りエクスターナルに丸さをつくる。

03 リフトアップして重さを取り除きながら、アンダーでつくったエクスターナルにつなげていく。

04 さらにリフトアップして、インターナルの厚みを取り除き、アンダーのインターナルにつないでいく。

セイムレイヤーに近いGを入れていく

オーバーはスライスを斜めにとって、フロント側から前方にODをかけてカットしたことで、フロントの角が取れている。さらにリフトアップしてカットしたため、セイムレイヤーに近いGになっている。重いアンダーの上に軽いGのオーバーがのったことで、緩やかな丸みのあるフォルムになった。**オーバーの厚みを削るということが、フォルム全体の丸さにつながっていくということに注目しよう。**

05 リフトアップすると頭の丸みの影響で、アングルはGになっていく。

06 各セクション、リフトアップすることで、インターナルがセイムレイヤーに近いG構成となり、丸さが増す。

07 トップはほぼ真上に引き出して、全体のフォルムに丸さを加えていこう。

08 さらにリフトアップしていき、アンダーの重いGと、オーバーの軽いGをつなげていく。

09 そのまま後ろへと切り進む。前方から切るときは、常に前にODがかかりやすいので、注意しよう。

10 どこから、どのようにパネルを引き出しても、自由にコントロールできるようになろう。

POINT

オーバーのリフトアップを身につけるということは、フォルム全体の厚みをコントロールできるということなので、厚みを取り除くイメージで何度も練習していこう。

A3 グラボブ系1～5の切り方を見ていこう

グラボブ系5

アンダー　オーバー

アンダーセクション

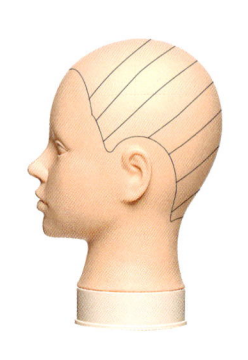

01 縦に近い斜めスライスでカットしていく。

02 ウエイト位置を高くするため、縦に近い斜めスライスでカットしていく。

03 縦に近い斜めスライスを維持しながら、後方にODをかけてカット。

04 常にインターナルのGを意識しながら、

05 リフティングとODをコントロールしていく。

06 バック正中線上は、ウエイトを上げるためにリフトアップ。

07 立体感のあるフォルムをつくるために、後方にODをかける。

08 腕が下がらないように注意しながら、リフトアップしてカット。

09 目いっぱいODをかけながら、

10 サイドのアウトラインにつなげていく。

11 軽いフォルムにするために、さらにリフトアップしながら、ODも目いっぱいかけてカット。

12 そのまま後方にODをかけながらフロントまで切り進む。

フロントまで目いっぱい ODをかけてカット

アンダーはグラボブ系3と同じように高い位置にウエイトを設定し、後方へのODをフロントまでかけた。そのため、アウトラインがソフトに切り上がっている。**ODをフロントまでかけたことで耳の辺りの髪やフロントの重さが削られるので、ソフトな状態の前下がりのアウトラインとなっている。**

クロスチェックでインターナルを観察してみよう

バックのインターナルは、セイムレイヤーに近いアンダーが、頭の骨格と同じような形でフォルムが決まっている。オーバーに軽いGが入ることで、よりコンパクトな厚みのないフォルムになっている。

ここでは、これを身につけるべし！

変則的なグラボブをつくりながら、カットアングルとフォルムの関係、リフティングとウエイトの関係、ODと奥行き感の関係を理解していこう。また、オーバーをセイムレイヤーに近いGとL（グラボブ系4、5）でカットすることで、フォルムの厚みがどのくらい変わるのかを理解して、コントロールできるようになろう。

オーバーセクション

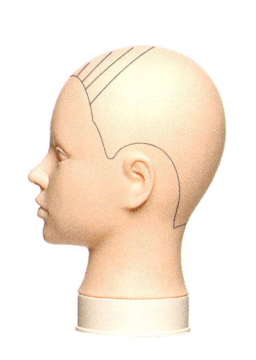

01 オーバーは、アンダーと同様に縦に近い斜めパネルでカットする。

02 フラットなインターナルをつくるために、リフトアップしてセイムレイヤーに近いGアングルでカット。

03 フォルムの厚みを取り除くことをイメージしながらリフトアップして、Lアングルに切りかえる。

04 徐々にリフトダウンしながらODをかけ、Lアングルでフロントまでカットする。

05 軽いインターナルを意識しながらリフトアップしてカットしよう。

06 前方はODをかけながら、フロントのエクスターナルにつなげていく。

07 さらにセイムレイヤーに近い状態までリフトアップして重さを取り除き、

08 ODをかけながらフロントまで切り進む。

フロントはセイムレイヤーに近い軽いGでカット

クラウンの辺りはリフトアップしてGを入れ、軽いインターナルに。フロントに向かうにつれてODをかけながらLを入れることで、Lアングルであっても適度な重さ、丸さのGが顔周りに生まれる。全体のフォルムは軽やかなグラボブになっている。**グラボブの場合、アンダーでフォルムの土台が決まり、オーバーで厚みとデザインそのものの味付けが決まる。**また、このスタイルを見ても、フォルムは左手のコントロールによってつくられているということがわかる。

09 アンダーでつくったGのフォルムに、オーバーのLが被さり、全体が軽いG系のフォルムになる。

POINT

フロントは各パネルODがかかるため、切り口はLであってもインターナルは適度なGの重さがキープされる。

Q4 フロントからカットした後、バックからカットしていくスタイルを3点、カットしていこう。

Aをカット

Bをカット

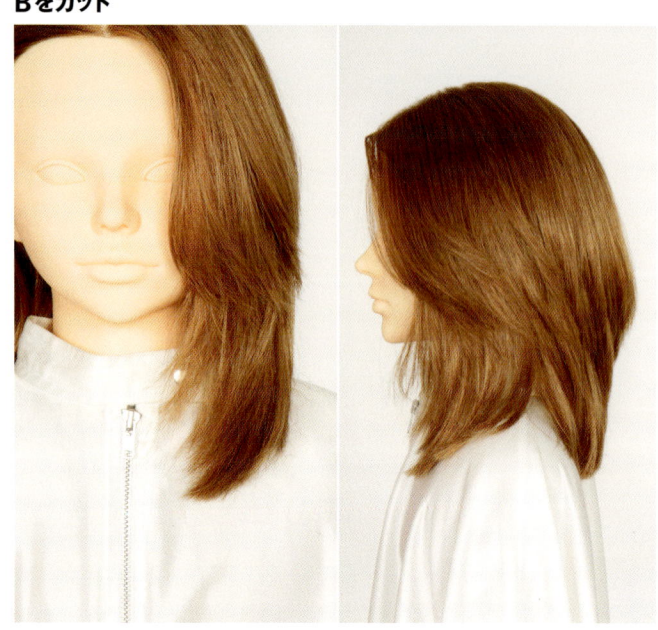

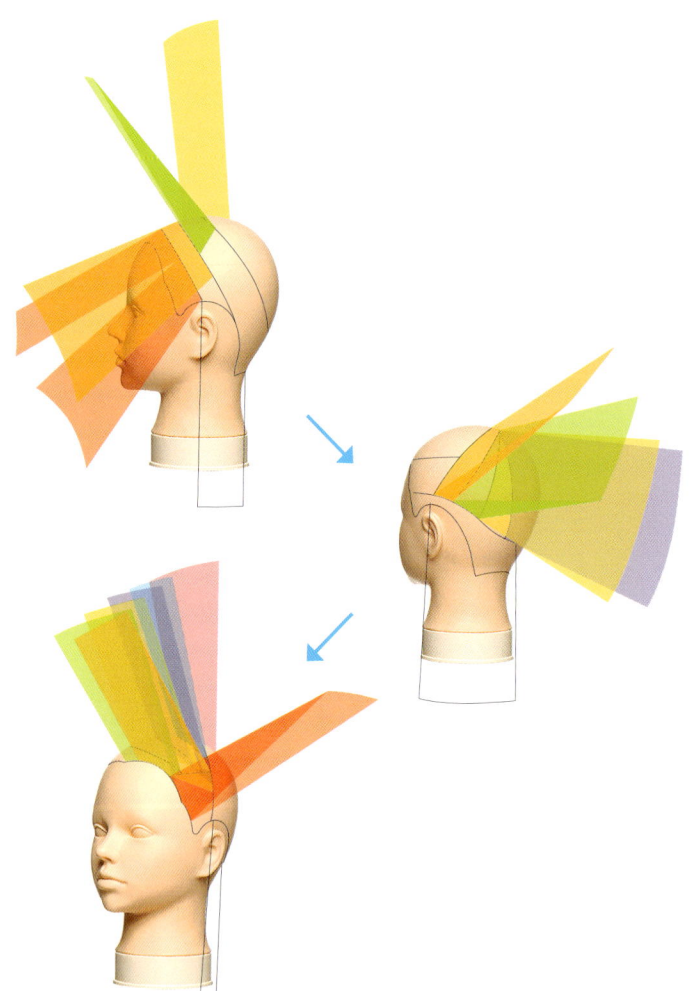

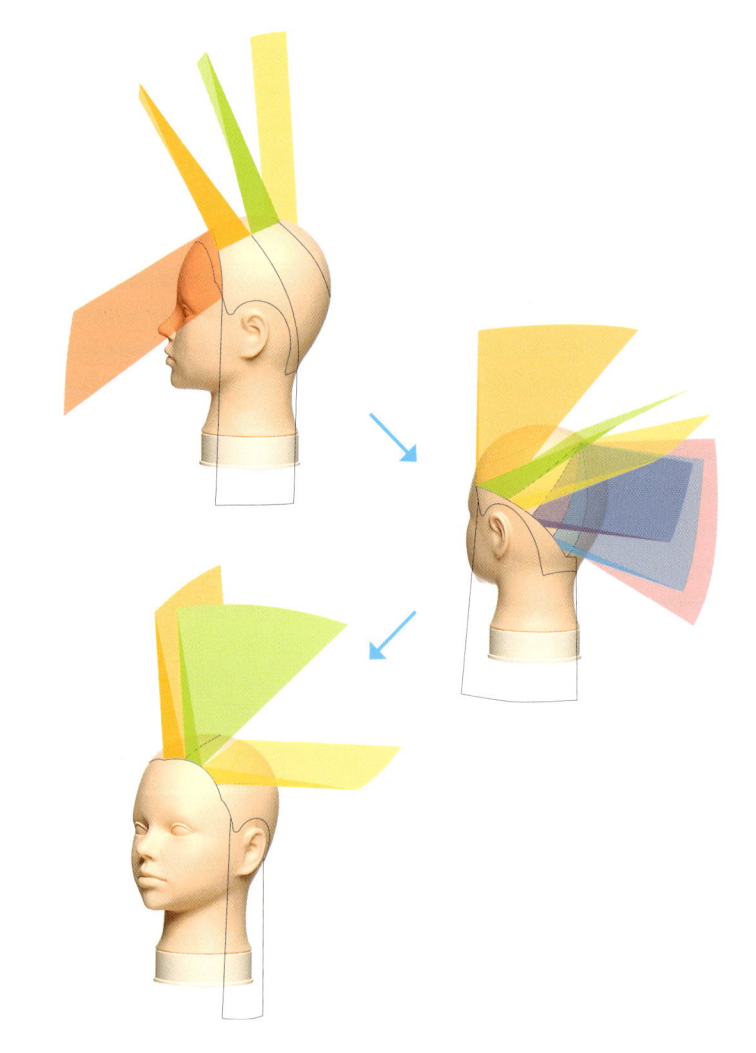

092　左手コントロール編 | LEFT HAND CONTROL

▶ 詳しくは**P094**へ

Cをカット

ADVICE
フロントとバック、
それぞれからカットしたインターナルが
どのように組み合わさるのかを計算しながら
カットしていこう。

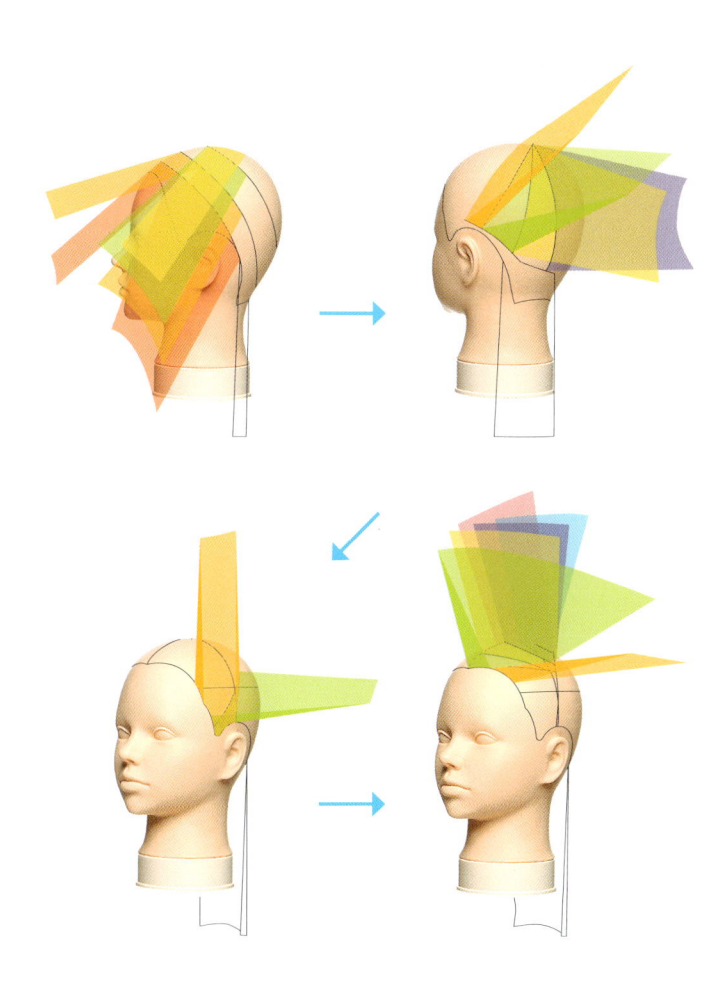

ボブ15パターンのトレーニング、お疲れ様でした。ちょっと長くて大変だったと思いますが、きちんとトレーニングした人は、もう自由自在に左手が動くようになっているはず。リフティングとオーバーダイレクションのコントロールもバッチリですよね？左手コントロール編の最後の問題は、前方、後方の両方向からカットしていくスタイルです。今までは前方から、または後方からのどちらか1方向からしかカットしていませんでしたが、カットは360度で計算していくもの。前方、後方の両方向からカットしていくことで奥行きのあるフォルムをつくることができます。

例えば、ここではレイヤースタイルでトレーニングしていきますが、前方からのみカットしていく場合、AラインかIラインシルエットを切ることに適しています。さらに、後方からもカットしていくことで、頭の丸みをきれいに見せるSシルエットにすることができます。前方から切ったインターナルと後方からカットしたインターナルがどう組み合わさるか、つまり、頭全体のGとLの構成はどうなるのかを計算した上でカットできるようになりましょう。

DESIGN DRILL 093

A4 前方からカットした後に、バックからもカットしていくスタイル3点をトレーニングしていこう。
これまでは、一定方向からカットしていくトレーニングを行ってきましたが、
ここでは、前方からカットした後に、バックからもカットしていくスタイルをマスターしていきましょう。

後ろ下がりレイヤー

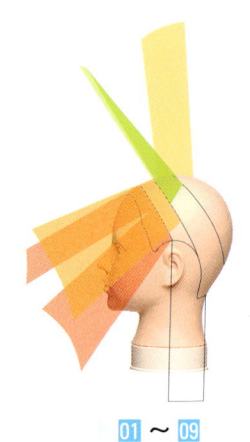

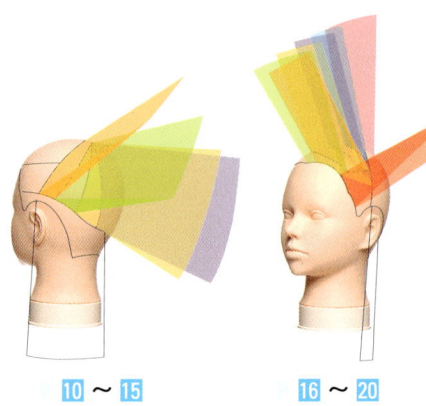

01〜09　　　10〜15　　　16〜20

01 第1セクションは耳上から取る。リフトダウンしてGをかけて、ハイレイヤー状にカットする。

02 こめかみの辺りは、セイムレイヤーに近いGアングルでカット。

03 さらに、ハイレイヤー状に切り換えて、アウトラインとつなげてカットする。

04 エクスターナルをカットした状態。

05 第2セクションからは、リフトアップしながらハイレイヤー状にカット。

06 耳上までLでカットしていく。

07 そのまま徐々にリフトアップしてカット。トップの重さを取り除く。

08 トップはパネルを真上に引き出してカット。

09 前方から切り終えた状態。フロントの辺りが軽くなっているのがわかる。

10 次にバックからカット。正中線上からパネルを引き出し、軽いGアングルでカット。

094　左手コントロール編｜LEFT HAND CONTROL

ここでは、これを身につけるべし!

横から見たときのシルエットが、後ろ下がりな重めのスタイル。インターナルの構成はLG。エクスターナルをカットする時に、第1セクションを耳上から取り、ミドルまでLを入れている。そのため、次にバックからカットしたときに、エクスターナルでカットした部分とぶつかるところに重さが生まれる。それを思い切りリフトアップして削ること。

スペシャルテクニック

① 最初に前方からハイレイヤー状にカットし、その後、バックからカットしているため、顔周りに重さが生まれる。それを一気にリフトアップして取り除き、フロントのエクスターナルにつなげていく。

② オーバーは前方にODをかけ、アンダーは後方にODをかけているため、オーバーとアンダーの境（ミドル）にコーナーが生まれる。このコーナーを削って、フォルムを滑らかにし、さらに、オーバーはリバースに、アンダーはフォワードに流れる毛流れを強調する。

11 セイムレイヤー状のアングルでアンダーにつなげていく。

12 バックの第1セクションを切り終えた状態。ウエイトが低めの位置に設定されている。

13 そのまま斜めパネルで、後方にODをかけながら、Gのカットアングルで切り進む。

14 耳後ろまで同様にカット。

15 クラウンから耳上付近のエクスターナルを削らないようにリフトアップし、フロントにつなげる。

16 この時、パネルを前方に押し出すようにODをかけて、フロントにつなげていく。

17 再度、前上がりの斜めスライスを取り、前方にODをかけてカットし、

18 オーバーとアンダーの境にできたコーナーを削る。徐々にリフトアップして切り進む。

19 そのままトップまでつなげ、

20 クラウンは**10**でカットしたGにつなげる。

A4 　前方からカットした後に、バックからもカットしていくスタイル3点をトレーニングしていこう。

スクエアレイヤー

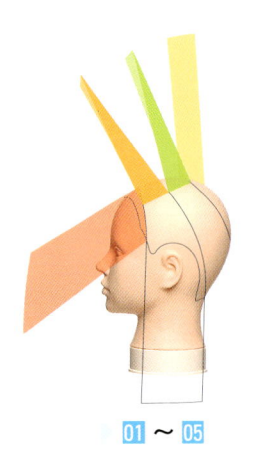

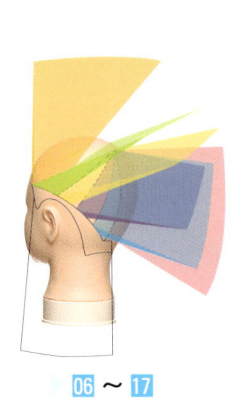

01～05　　06～17　　18～20

01 第1セクションをテンプルから取り、ハイレイヤー状の切り口でカットする。

02 次のセクションからリフトアップし、後方に切り進む。

03 徐々にリフトアップしてカットすることで、オーバーセクションの重さを取り除く。

04 トップは、真上に引き出してカット。

① 05 前方から切り終えた状態。

② 06 次にバックからカット。フロントとクラウンを同じくらいの長さで設定していく。

07 バック正中線上から、軽いGアングルでカットして、

08 セイムレイヤーの切り口でアンダーにつなげる。

09 クラウンの数センチ分だけにGがかかり、その下はセイムレイヤーになりやわらかな形になる。

10 そのまま後方にODをかけながら、斜めパネルで切り進んでいく。

096 　左手コントロール編｜LEFT HAND CONTROL

ここでは、これを身につけるべし！

正面、サイド、バックとどこからパネルを引き出しても横水平（＝スクエア）状のパネルで構成されているため、通常スクエアレイヤーと呼ばれている。まず、前からLを入れることでLシルエットのベースをつくっていく。さらにバックから切っていくことによって前下がりのウエイトラインが加わり、奥行きのあるフォルムに変わることに注目。

スペシャルテクニック

① オーバーのハイレイヤーをどこまで入れていくか。
切り口のハイレイヤーの角度とリフティングが足りないとバングのゾーンが重くなるし、入れすぎると顔周りが軽くなりすぎて、後ろに流れにくくなる。

② バック正中線から切り始めるときのアングルで、バックのフォルムが決まる。
また、サイドにかけてLに切りかえていくことで、メリハリのあるフォルムになる。

③ フロントの1～2枚のパネルを思い切ってリフトダウンし、
そこをガイドにリフトアップすることで、ひし形のフォルムができる。
リフトダウンせず、そのままリフトアップすると軽くなり、
ODでつなげるだけだと重くなる。

11 耳後ろのパネル辺りで、完全なL状に変わっていく。

12 ただしこのセクションは、バックサイドは縦に近い斜めスライスで、L状になっているが、

13 正中線付近は横スライスで、Gになっているため、丸みとウエイトがキープされる。

14 そのままリフトアップして上に切り進む。同様にウエイト付近はGがかかり、前方は、

15 リフトアップし後方にODをかけLアングルでカット。エクスターナルを切らないようにする。

16 この辺りから、最初にカットしたハイレイヤー状のトップにつなげていく。

17 フロントも真上にリフトアップしエクスターナルのハイレイヤーにつなげ、顔周りに軽さを出す。

18 次のパネルは、一気にリフトダウンしてカット。ウエイトを確保する。

19 18をガイドに次から再度リフトアップ。このままリフトダウンすると重くなり過ぎるため。

20 トップまで同様にリフトアップしてカットしていく。

A4 　前方からカットした後に、バックからもカットしていくスタイル3点をトレーニングしていこう。

Sシルエットレイヤー

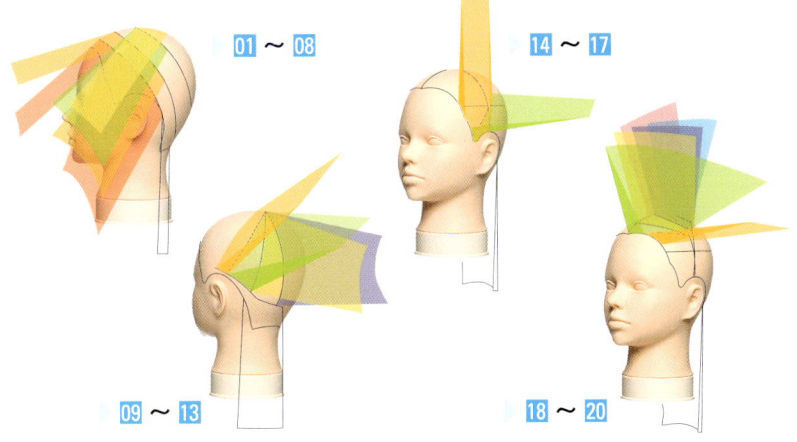

01 耳後ろまでセクションを取って、第一セクションはややリフトアップして、Lアングルでカット。

02 耳前くらいを、リフトダウンしてGアングルでカット。

03 ハイレイヤー状にしてバックのアウトラインにつなげていく。

04 エクスターナルをカットした状態。Gの幅は似合わせを考えて決めること。

05 次のセクションから、前方にODをかけながら少しずつリフトアップしていく。

06 切り口はエクスターナルと同様にする。ここではGアングルでカット。

07 アウトラインにLでつなげる。そのままトップまでカットしていく。

08 前方からカットし終えた状態。フロントがかなり短くなっている。

09 次にバックからカット。正中線上からパネルを引き出し、Gアングルでカット。

10 Lアングルでアウトラインにつなげる。

> **ここでは、これを身につけるべし！**
> はっきりとしたウエイトを持つ、いわゆるくびれヘア。インターナルの構成はLGL。このようにメリハリのあるフォルムになるのは重いGと軽いLが組み合わさるため。また、LからGに一気につなぐとウエイトラインが残るが、セイムレイヤーでコネクトすることにより滑らかなフォルムになる。G⇒セイムレイヤー⇒Lと自然な移行の仕方をマスターしよう。

スペシャルテクニック

① 前方からインターナルまでカットしているが、その後、バックから切り直すので、構造上、この段階でカットする必要はない。ここでの目的はエクスターナルをカットすること。しかし、人間をカットする場合にはクセが出てきたりするので、多少リフティングをして余分な毛を取り除き、エクスターナルのフォルムを確認しておこう。

② バックはGでウエイトを設定した後、ハイレイヤー状のアングルに切り返すことで、くびれが生まれる。さらに前方に切り進む際に、G⇒セイムレイヤー⇒Lと、セイムレイヤーを取り入れながらGとLをつなぐことで、なめらかな奥行きのあるフォルムを生む。

③ 後ろ下がりレイヤー同様、前方からカットしたところとバックからカットしたところが、ぶつかる部分の重いコーナーを、一気にリフトアップして削る。さらに次のパネルは、リフトダウンすることで、正面から見たときのウエイトをキープ。

11 バック正中線をカットした状態。どこまでをGにして、どこからLに切り返すかが重要になる。

12 斜めスライスで、後方にODをかけながら切り進む。

13 インターナルは、この辺りでセイムレイヤー状になっている。

14 徐々にリフトアップし、Lアングルでカット。エクスターナルのハイレイヤーにつなげる。

15 そのままフロントまでカットしていく。

16 前方と、バックから切った部分がぶつかったところに重いコーナーができている。

17 コーナーの重さを取るために、一気にリフトアップしてカット。顔周りに軽さが生まれる。

18 リフトアップして切ったパネルを、今度はリフトダウンして、ウエイトを設定する。

19 フロントはリバースに流すため、前方にODをかけてLアングルでカット。

20 そのままトップまで切り進む。最終的にはトップにLが入り、LGLの構成になる。

DESIGN DRILL

左手コントロール編まとめ

ここでは、オーバーセクションの最も特徴的な部分、顔周りのフォルムについてG系とL系のスタイルで比較していきましょう。
同じアウトラインでも、インターナルが変わることによってどのようにフォルムや毛流れが変化するのか注目しよう。

G系

アウトライン…G
インターナル…**重いG**

01〜03 横に近い斜めパネルを取り、指1本の高さにリフトダウンしてカット。アウトラインもG、インターナルもGになっている。
04 このように両方Gの場合、アウトラインにも厚みがあり、ウエイトもしっかりとある。

アウトライン…G
インターナル…G

01〜03 上のスタイルと同様に斜めパネルを取り、ワンパネルずつリフトアップしてカット。アウトラインはG、インターナルは軽めのGになっている。04 上のスタイルと比べて、フォルムに丸みが生まれて、ウエイトラインは滑らかになっている。

アウトライン…G
インターナル…**軽いG**

01〜02 中央のスタイルと、3コマ目までは同様にややリフトアップしてカット。オーバーのパネルのみ真上に引き上げてカットした。03 オーバーのインターナルはセイムレイヤー状になっている。04 それによって、フォルムのウエイトラインは厚みと一緒に消え、フラットになった。

L系

アウトライン…L
インターナル…重いG

01〜03 カットアングルをLでカットしているため、顔周りの肌が見え、適度に軽さは感じる。しかし、すべてリフトダウンしてカットしているため、インターナルはGになっている。04 そのためウエイトは低く、フォルムは重くなっている。毛流れはあまり出ていない。

アウトライン…L
インターナル…軽いG

01〜02 カットアングルはLで、徐々にリフトアップしてカット。03 ここからは、ほぼセイムレイヤー状に近い状態までリフトアップしている。そのため、インターナルはセイムレイヤー状になっている。04 適度にパネルをリフトアップすることで、インターナルの重さが削られ、短い方から長い方に向かう毛流れが生まれる。

アウトライン…L
インターナル…L

01〜02 カットアングルはLで、各パネルをリフトアップしてカット。インターナルもLになっている。03〜04 さらにモヒカンラインのパネルを、ハイレイヤー状にカットすることで、フォルムはダイナミックに軽くなる。毛流れを見てみると、インターナルを軽いGでカットしたものよりも弱く、毛先は下に落ちようとする。

DESIGN DRILL 101

セイムレイヤー編
Same Layer

明日のための……その4

フォルムの体積を計算し、
不可能がないパネルコントロールを身につけるべし

セクションパネルとインターナルの関係を学ぼう

立体の体積は、横にカットしても、縦にカットしても変わらない。それをヘアに置き換えて考えれば、どんなスタイルも、縦でも横でも斜めパネルでもカットできるということ。ここでは、リフティングもオーバーダイレクションもかかっていないセイムレイヤーを課題に、色々なセクションパネルでカットしながら、改めてインターナルについて学んでいこう。また、左手の様々なポジションをトレーニングしよう。僕は人によって体型も関節の動きも違うので、カットする時のフォームは自分の切りやすい位置でよいと思います。しかし、左手のポジションだけは、正しくコントロールできることが大切。色々な場所から、オンベースで正しく引き出してみて、左手のコントロールにさらに磨きをかけよう。

セイムレイヤー編のトレーニングに入る前に

セイムレイヤー編では、縦や横、斜めなど色々なセクションパネルでセイムレイヤーをカットしていきますが、
ここではトレーニングに入る前に、セクションパネルについて解説していきます。

セクションパネルとヘアデザイン

ここまでのトレーニングの中で、横にパネルを取ったり、斜めに取ったり、セクションパネルを色々な角度で取ってきたと思います。
みなさん、その理由はわかりますか？　セクションパネルの特性を理解した上で、リフティングやオーバーダイレクションでパネルをコントロールすることが、
＝フォルムをコントロールすることにつながってきます。セイムレイヤー編のトレーニングに入る前に、改めてセクションパネルの特性について考えていきましょう。

縦パネル
同じ立方体を縦にカットした状態。縦パネルでカットしていく時のイメージ。

横パネル
立方体を横にカットした状態。横パネルでカットしていく時のイメージ。

斜めパネル
同じ立方体を斜めにカットした状態。斜めパネルでカットしていく時のイメージ。

同じデザインならば、縦パネルでも、横パネルでも、斜めパネルでも切れる

まず、上の積み木を見てください。横でカットしているものも、縦や斜めでカットしているものも、もともと同じ大きさの立方体です。ここでは、たまたま4つにカットしていますが、3つにでも、10個にでもカットすることができるし、どのような角度に切ることもできる。物体に「体積」があるとすれば、どんな風に、いくつに切ったとしても総体積が変わることはありません。
カットにも同じことが言えて、同じデザインならば、理論上は縦パネルでも、横パネルでも、斜めパネルでも、いくつにスライスを分けてもカットすることができるんです。（次から学んでいく、リフティングもオーバーダイレクションもかからないセイムレイヤーで考えると、わかりやすいと思います。）

左手コントロール編では、カット後にクロスチェックを行ってきましたが、それはGとLの構成を知るという意味だけでなく、違うパネルで引き出したら切り口はどうなるのかなどを理解する意味もあったんです。
どのようにでも切れるのだったら、では、どうやってセクションパネルを決めていくのでしょうか？　次で説明していきましょう。

セクションパネルをどのように選択するのか？

ヘアデザイン＋素材に合わせて決める

セクションパネルを決める上で、重要になるのは以下の2つです。まずは、求めるヘアデザイン。どんなパネルでもいくつにセクションを分けても、同じものをカットできるのですが、デザインによって、最も手数が少なくて、切りやすいパネルでカットしていくのがいいと思います。（具体的には下の項目で見ていきましょう。）

次に髪質やクセなど、お客様の素材。例えば、フォワードに毛流が向いてしまう人の厚みを取り除きたいのであれば、クセを抑えるために斜めパネルで前方からカットしていくことが望ましいし、反対に、リバースに毛流が向かう人であれば、後ろから、斜めパネルで切ればいい。同じデザインをつくるときでも、素材に合わせてセクションパネルを変えた方が失敗が少なくなるし、一回で決められる正確性が高まります。

つまり、セクションパネルをどう取るかはデザインと素材を踏まえて決めていくことになります。そのためには、色々なパネルでカットできることが大切になるので、次のページからセイムレイヤーを例にトレーニングしていきましょう。

ヘアデザインと縦・横・斜めパネルの関係
デザインごとに、どのようなセクションパネルの取り方がカットしやすいのかについて、見ていこう。

ワンレングス／横パネル

アウトラインを同じ位置でカットしていくワンレングスは、横にスライスラインを取り、髪の落ちる位置でまっすぐにカット。

ショートレイヤー／縦パネル

全体的に軽さと動きを出すために、縦にパネルを取り、Lでカット。

マッシュルーム／前上がりの斜めパネル

顔周りに丸みを出すために、横に近い斜めパネルでカット。上のパネルにいくほど、ややリフトアップすることで、ウエイトがコントロールされる。

グラデーションボブ／前下がりの斜めパネル

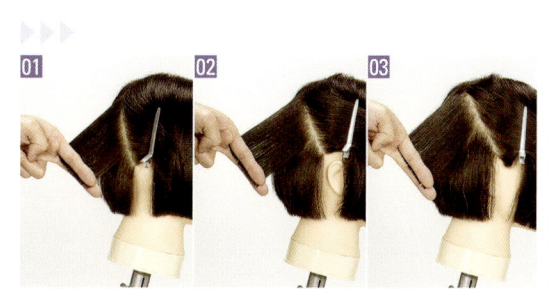

バックのウエイト下を、縦に近い斜めパネルでカットすることでフォルムがしまり、メリハリ、立体感が生まれる。前方に切り進むにつれて、横に近い斜めにし、フォルムに丸みを出す。

DESIGN DRILL

Q1 セイムレイヤーにカットしたウィッグの いろんな部位から、パネルを引き出してみよう。

▶ 詳しくは **P108** へ

ナチュラルダウンの状態

動かした状態

ADVICE 縦・横・斜め、どんなパネルでも同じスタイルをカットできるということを実感しよう

セイムレイヤー編 | SAME LAYER

Q2 横パネル、縦パネル、斜めパネルでセイムレイヤーをカットしてみよう。

縦パネル　　　　　　　　　横パネル　　　　　　　　　斜めパネル

▶ 詳しくは **P110** へ　　　▶ 詳しくは **P112** へ　　　▶ 詳しくは **P114** へ

ADVICE　どの部分をどんなパネルでカットしても、左手の正確なポジションをキープできるようになろう。
そのために、縦・横・斜めパネルでセイムレイヤーをカットして、オンベースの感覚を身につけること。

DESIGN DRILL　107

A1　各セクションを、いろいろなパネルで引き出してみよう

まずは自分が得意な切り方でセイムレイヤーをカットしてみよう。
そして、切り終わったら、各セクションから、縦・横・斜め、いろいろなパネルでオンベースに引き出してみよう。

チェックカット

トップ〜フロント
頭がフラットなので、横パネルか縦パネルで、真上に引き出してカットすることが多い。

ハチ
頭が曲線的に曲がるので、縦パネルで、モデルの後ろにまわってカットすると切りやすい。

クラウン
正中線上は横や斜めパネルよりも縦パネルに引き出しやすいが、GPから曲線になるところは斜めパネルの方が切りやすい。

108　セイムレイヤー編｜SAME LAYER

ここでは、これを身につけるべし！

セイムレイヤーは髪の長さがすべて同じ、つまり頭の丸みに対して垂直なオンベースに引き出したときに、頭の丸みに沿った平行なカットラインになる。クロスチェックをして、同じデザインの場合、どんなパネルでもカットできることを実感しよう。またオンベースの感覚をつかみ、頭のどの部分からでも正確なポジションで引き出せるようになろう。

サイド

フェイスラインはヘアラインが斜めなので、斜めパネルでカットした方が切りやすい。2、3パネル目は頭がフラットになるので、縦パネルの方が切りやすい。耳周りはヘアラインが複雑な形なので、横でカットした方が切りすぎる失敗が少ない。

正中線上

GやLのアングルや、長さを決めやすいので正中線上は、横や斜めパネルよりも、縦パネルで切ることが多い。チェックカットをする時やクロスチェックで左右のバランスを見る時に横パネルは有効になる。

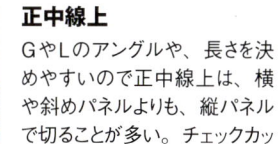

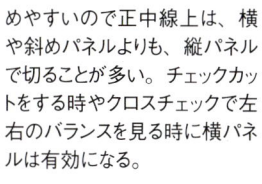

バックサイド

頭が内側に入ってくる部分なので、横や縦パネルよりも、斜めパネルの方が切りやすい。

DESIGN DRILL

A2 セイムレイヤーを縦、横、斜めパネルでカットしていこう

オーバーダイレクションもリフティングもかかっていない状態でパネルを引き出し、頭の丸みに対して、すべて同じ長さでカットしていこう。
縦、横、斜めスライス、どれでカットしても、仕上がりが同じになればOK。

縦パネル

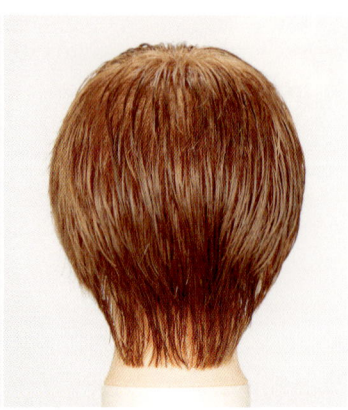

注意点
右サイドのネープを切る場合、右手が首に当たりポジションがずれやすい。また、左サイドのネープを切る時に左手が肩に当たってポジションがずれやすいので注意しよう。さらに、耳後ろなどカーブが強いところや、右利きの人の場合、左サイドを切るときにODがかかりやすいので気をつけること。

▶▶▶

01 バック正中線からパネルをオンベースに引き出し、頭の丸みに対して平行にカット。

02 ネープ部分は頭が内側に入っているので、パネルを持ち上げすぎないように注意しよう。

03 そのまま頭の丸みを意識しながら、オンベースにパネルを引き出し、ヘアラインまで切り進む。

04 右サイドのネープを切る場合、右手が首に当たり、ポジションがずれやすいので注意すること。

05 左側も同様にカット。

06 アンダーセクションまでカットした状態。

07 その上のセクションも同様にカット。この辺りから骨格のカーブがややフラットになるので、

08 常にオンベースを意識して、パネルをコントロールすること。

09 耳後ろは頭のカーブが強く、生え際が複雑な形をしている。

10 そのため正確なオンベースのポジションをキープしにくいので、左右、両側とも注意すること。

11 ミドルセクションまでカットした状態。

12 同様にオーバーをカット。骨格が上を向いているということを意識してパネルを引き出すこと。

セイムレイヤー編 | SAME LAYER

ここでは、これを身につけるべし！

縦パネルの場合、耳後ろなどの頭のカーブが強いところやオーバー、ネープなど指があたるところにODがかかりやすいので注意すること。縦パネルに限らずここでのトレーニングは、セイムレイヤーっぽいものをつくるのではなく、完全なセイムレイヤーを切れるようになることが大切。クロスチェックをして同じ長さにカットされているか確認しよう。

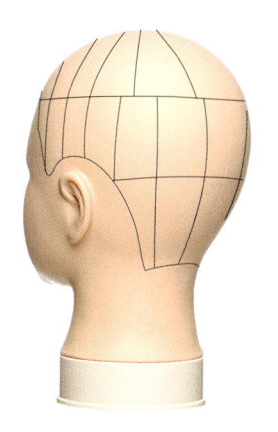

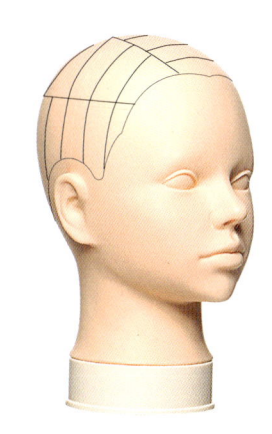

13 ODをかけないように注意しながら、前方へと切り進む。

14 バックを切り終えた状態。

15 サイドをカットしていく。ここでもODがかかりやすいので、オンベースに意識を集中。

16 同様にフロントまで切り進む。

17 右利きの人の場合、特に左サイドを切るときに後ろにODをかけやすくなるので注意すること。

18 サイドをカットした状態。ヘアライン（生え際）の形がそのまま出ている。

19 ハチの部分をカット。スクエアになりすぎないようにカットアングルに注意すること。

20 前方へ切り進む。パネルにODがかかりやすいので常にオンベースで。

21 ハチの部分までカットした状態。

22 トップは、パネルを真上に引き出してカット。

23 前方に切り進むにつれて、頭の丸みにそって、パネルを前方に倒すようにしてオンベースでカット。

24 ヘアラインまで切り進む。

DESIGN DRILL 111

A2　セイムレイヤーを縦、横、斜めパネルでカットしていこう

横パネル

注意点
パネルを厚く取りすぎたり、幅広く取りすぎたりすると、パネルの中でリフティングとODがかかってしまうので、横スライスでカットする場合は特に、パネルをあまり厚く取りすぎないこと。

01 横スライスを取り、オンベースに引き出して、頭の丸みに対して平行にカット。

02 第1パネルをカットした状態。

03 その上のパネルも同様にオンベースに引き出してカット。

04 常に頭の丸みに合わせて、オンベースでカットする。

05 各パネル、リフトアップしながら、そのまま上に切り進む。

06 横パネルの場合、パネルを上げすぎたり、下げすぎたり、角度が狂いやすいので注意すること。

07 アンダーセクションをカットした状態。

08 ミドルはバックからサイドに向けて、頭の丸みが強くなる。

09 それを意識しながら、骨格に合わせてパネルを引き出すこと。

10 サイドに差しかかる時、後ろにODがかかりやすいので注意しよう。

11 サイドは真横にパネルを引き出していく。

12 常にオンベースを意識して、同様に上へと切り進む。

112　セイムレイヤー編｜SAME LAYER

ここでは、これを身につけるべし!

横パネルでカットしていく場合、自分の目がパネルに対して水平ではなく、上から見ることになるので、正確なリフティングが難しく、パネルの角度が狂いやすい。そのため、自分が引き出しているパネルの角度をよく見ながらカットしていくこと。横パネルが3つのパターンの中で一番難しくなるが、リフティングのよいトレーニングになるのでがんばろう。

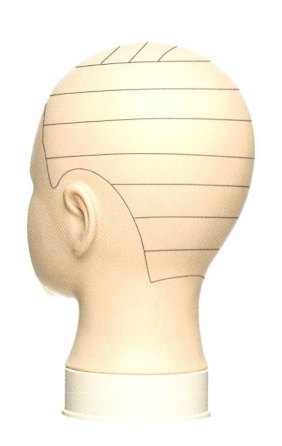

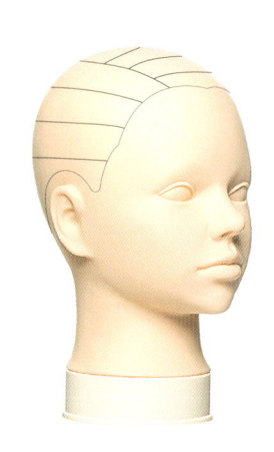

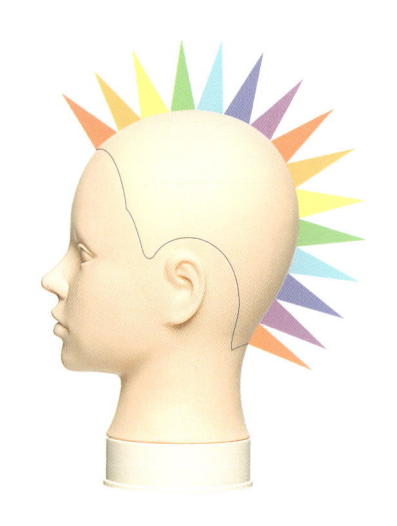

13 パネルの角度が狂わないように引き出して、角度をよく見ながらカットしていこう。

14 ヘアライン付近はカットアングルがスクエアになりすぎないように注意。

15 同様に上へと切り進むが、この辺りから骨格が上を向く。

16 そのため、骨格に合わせてリフトアップしながら、オンベースでカット。

17 リフトダウンしやすいので、パネルの角度に注意しながらカットしていこう。

18 ミドルまで切り終えた状態。すべて同じ長さでカットしているので、ヘアラインの形が出ている。

19 リフトアップしながらオンベースで、トップまでカットしていく。

20 カットアングルに注意しながらカット。

21 そのまま前方へと切り進む。

22 ハチの辺りのパネルは、頭の丸みに合わせて常にオンベースに引き出してカット。

23 ODがかからないように、オンベースでカットしていくこと。

24 ヘアラインまでカットしていく。

A2 セイムレイヤーを縦、横、斜めパネルでカットしていこう

斜めパネル

注意点
左側は前上がり、右側は前下がりの斜めスライスでカットしていこう。どんな風にスライスを取っても、頭皮に対してすべて同じ長さになるようにすること。

▶▶▶

01 左サイドから前上がりの斜めスライスを取り、頭の丸みに対してオンベースに引き出してカット。

02 ODがかからないように注意しながら、リフトアップしてカット。

03 耳後ろはパネルを引き出しにくく、角度が狂いやすいので注意すること。

04 後頭部は頭の丸みにあわせて、斜めにスライスを取る。

05 常にリフトアップしながら、オンベースでカットする。

06 ネープはカットアングルに気をつけて、頭皮と平行にカットすること。

07 そのまま同様に、頭の丸みにそってパネルを引き出す角度を変えながらカット。

08 バック正中線を越える辺りまでカットしていく。

09 左サイド、バック正中線を越える辺りまでカットした状態。

10 このまま右側へと切り進むので、右側は前下がりの斜めパネルでカットしていくことになる。

11 同じセクションパネルの中でも、骨格に合わせてパネルを引き出す角度が変わるので注意しよう。

12 耳後ろはODがかかりやすいので注意しよう。

114 セイムレイヤー編｜SAME LAYER

ここでは、これを身につけるべし！

斜めパネルは、人間の複雑な骨格や生え際にそってラインを引きやすいので、3パターンの中で一番コントロールしやすい。トレーニングの際には、右と左を逆の斜めで切っていくなど工夫して、いろいろなパターンの斜めパネルをカットできるようになろう。また、前上がり、前下がり、苦手な方を重点的にトレーニングしていくこと。

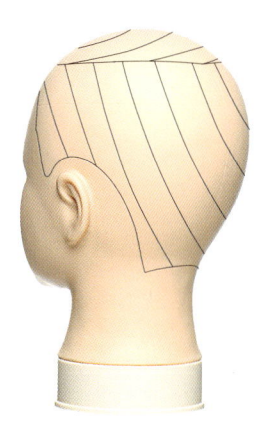

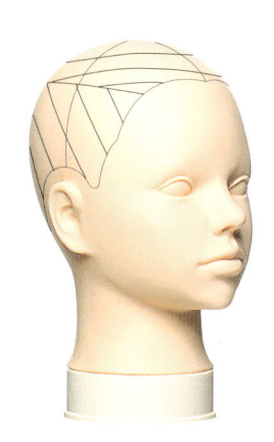

13 そのまま同様に前下がりの斜めパネルで、前方へと切り進む。

14 サイドをカットする際、後方にODを掛けやすくなるので、注意しながらカットすること。

15 同様にオンベースでパネルを引き出しカットしていく。

16 常にセイムレイヤーのアングルとオンベースを保って、リフティングに集中すること。

17 右サイドを切り終えた状態。左サイド（**09**）と同じ長さ、同じ形になっているか確認しよう。

18 オーバーセクションは、右サイドのフェイスラインから斜めにパネルを取ってカットしていく。

19 オンベースを保ちながら、そのまま斜めパネルで切り進む。

20 頭の丸みとセイムレイヤーのインターナルの構造を意識しながら切り進めよう。

21 ヘアラインに穴をあけないように慎重にカット。

22 そのまま、頭の丸みに合わせてパネルをオンベースに引き出しながら切り進む。

23 どんな斜めパネルでもコントロールできるようにインターナルを意識しながらカット。

24 そのまま左サイドまでカットしていく。

DESIGN DRILL

セイムレイヤー編まとめ

みなさん、縦、横、斜め、どんなセクションパネルでもカットできるようになりましたか？
セイムレイヤー編の最後に、斜めパネルの重要性についてまとめていきます。

斜めパネルの重要性

縦パネルと横パネルがそれぞれ1パターンしかないとしたら、その間すべてが斜めパネルになります。縦に近い斜めパネルもあるし、横に近い斜めパネルもある。つまり、斜めパネルは無限にあるということです。
また、パネルコントロールとは、球体である頭の中にラインを引いていくこと。縦と横のラインだけで立体を構成していくなら、いつまでたっても四角いフォルムのままです（図1）。でもそこに、斜めのラインを加えることで、球体に近づけることができる（図2）。だからこそ、斜めパネルが重要になるのです。

カットでは、斜めパネルをコントロールするものは、すべてのフォルムを制すると言っても過言ではありません。下の表でまとめている縦・横・斜めパネルの特徴をしっかりと理解した上で、無限にある斜めパネルを使いこなせるようになりましょう。

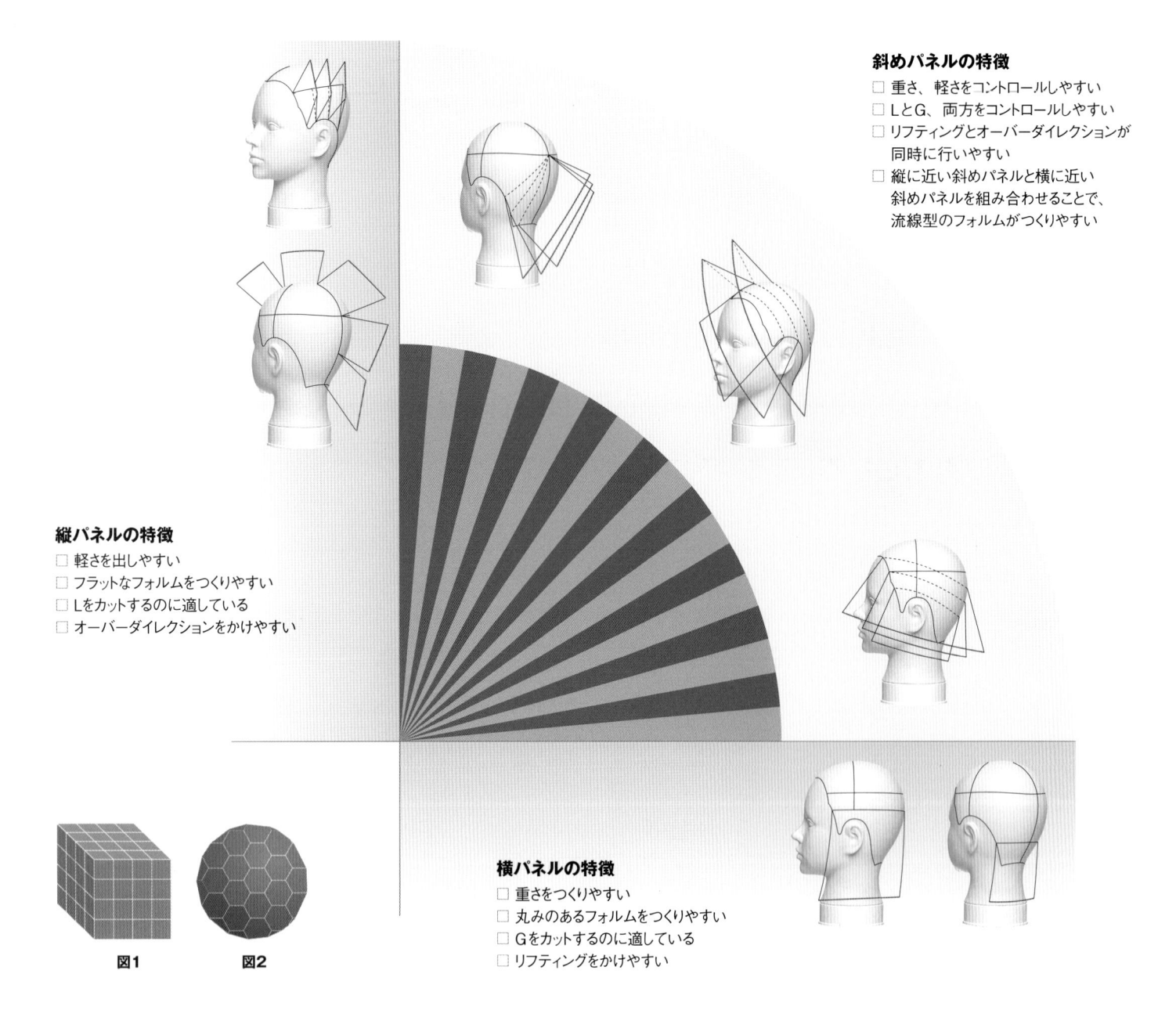

斜めパネルの特徴
- 重さ、軽さをコントロールしやすい
- LとG、両方をコントロールしやすい
- リフティングとオーバーダイレクションが同時に行いやすい
- 縦に近い斜めパネルと横に近い斜めパネルを組み合わせることで、流線型のフォルムがつくりやすい

縦パネルの特徴
- 軽さを出しやすい
- フラットなフォルムをつくりやすい
- Lをカットするのに適している
- オーバーダイレクションをかけやすい

横パネルの特徴
- 重さをつくりやすい
- 丸みのあるフォルムをつくりやすい
- Gをカットするのに適している
- リフティングをかけやすい

図1　図2

斜めパネルのメリット

左の表からもわかるように、縦パネルはオーバーダイレクションがかけやすく、横パネルはリフティングがしやすいという特徴があります。斜めパネルは、その両方のメリットを持ち合わせていてオーバーダイレクションとリフティングを同時にコントロールすることができ、上下、前後でフォルムの調節ができます。丸みのあるフォルムにしたいのであれば横に近い斜めにし、フラットにしたいのであれば、縦に近い斜めにすればいい。つまり、GとLを組み合わせたスタイルがつくりやすいということになります。

G（重さ）からL（軽さ）、LからGへの変換がしやすい

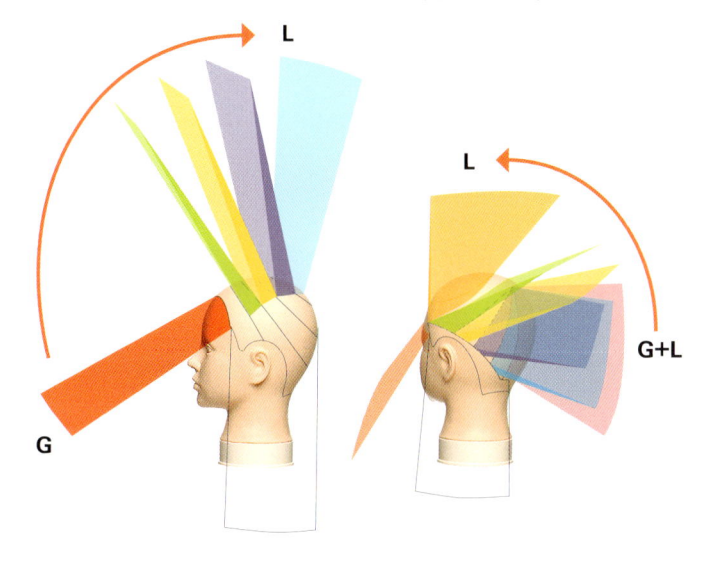

オーバーダイレクションとリフティング、一度に両方コントロールできる

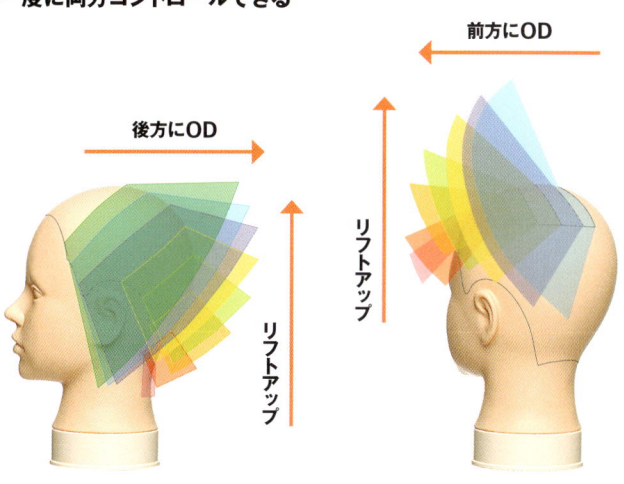

オーバーセクションの注意点

斜めパネルを使って、リフティングとODをコントロールしながら、様々なデザインをつくっていくのですが、アンダーセクションとオーバーセクションでは、完全に骨格の持つ性質が違ってくるので注意しましょう。アンダーセクションは切った髪がそのまま下に落ちますが、オーバーセクションの髪は放射状に広がり、髪の動く距離が大きい。髪がそのまま下に落ちるのは、左図の色のついた部分のみになります。そのため、ODをかけてカットしていくと、髪が動いたときにウエイトラインが崩れてしまったり、穴が開いてしまうといった失敗をしがちです。オーバーセクションにおいては、軽さを出したい場合は横、または横に近い斜めにパネルを取り、リフティングでコントロールするとよいでしょう。特に人間をカットする場合は毛流の影響もあり、髪がどの位置に落ちるか計算ができないので、リフティングでコントロールすることで、危険性を少なくします。

色のついた部分の髪はそのまま下に落ちるが、それ以外は放射状に広がり、どこに落ちるのか計算するのが難しい。

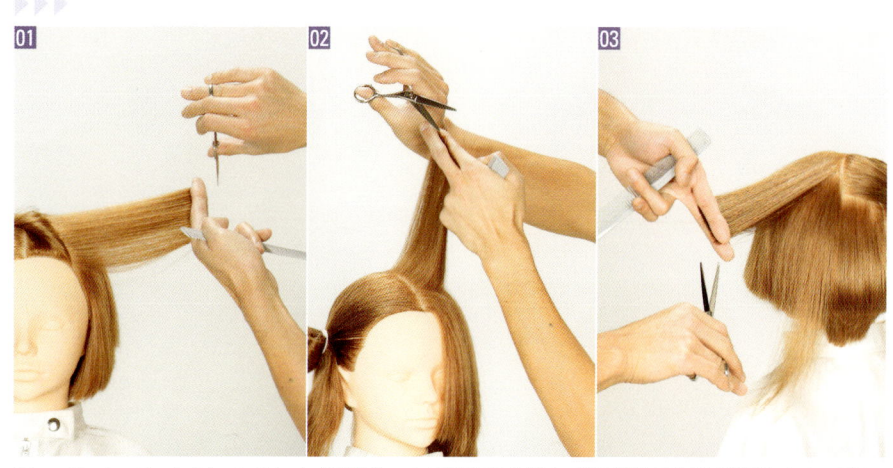

01〜03 オーバーセクションをカットする場合、上の写真のように、髪が落ちる位置を計算しやすい横か、横に近い斜めにパネルを取るとよい。軽さを出したい場合は、リフトアップで対応しよう。

デザイン編
Design

明日のための……その**5**

すべての道は基本に通ずる。基本を制するものはフォルムを制する。
フォルムを制するものはデザインを制する。

デザインをよく見て分析し、「目」を鍛えよう

これまでの4つの章で、みっちりとトレーニングを積んできて、みなさん、カットのことがわかるようになったと思います。最後のデザイン編では、「目」を鍛えていきましょう。フォルムの構成は大きく分けてG、L、GL、LG、GLG、LGLの6つに分けられます。ただ、ここにレングス設定、パネルの角度設定、ウエイトの設定が加わることによって、デザインは無限に広がっていく。だからこそ、デザインは面白い。ここでは、デザインをよく見て、一つひとつの要素の違いが、どのようにデザインや印象の違いにつながるのかを学んでいこう。そして、ここでのウイッグのトレーニングを終えたら、今度はお客様を最大限にかわいくできるような、様々なデザインをつくり出していこう！

Q1 次のスタイルを、G、L、GL、LG、GLG、LGLの6つに分類できますか？
また、インターナルとエクスターナルの構成を描いてみよう。

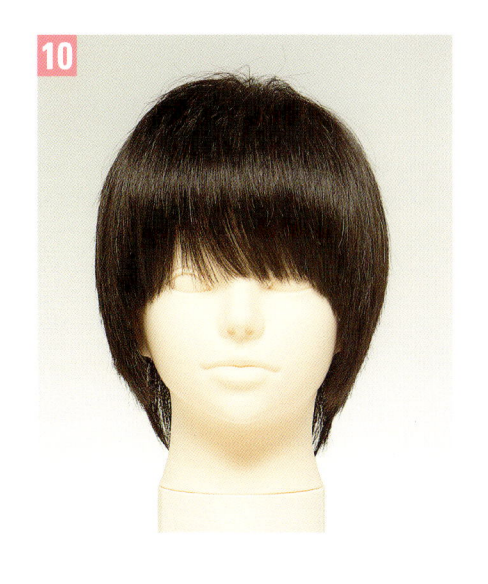

ADVICE ヘアスタイルを見たときに、どのようなG、Lの構成になっているのかすぐにわかるようになろう。

▶ 詳しくは **P122** へ

A1 インターナルとエクスターナルを分析してみよう

ここからは18スタイルのカットの構造を分類、分析していこう。インターナルやエクスターナルが
どのようなGとLの組み合わせになっているかを、スタイルをよく見て考えてみよう。

インターナルを6つのカテゴリーに分類

L
06
12
10

GL
04
13

G
01
16
15

LG
02
17
09

ここでは、これを身につけるべし!

今までは左手をコントロールすることによって、カットの構造をGにしたり、Lにしたり、その2つを組み合わせたりというトレーニングをしてきた。ここでは、それとは反対に、仕上がっているスタイルから、カットの構造、つまりGとLの組み合わせがどのようになっているのかを分析していこう。フォルムをよく見ることが大切。

LGL

07　11　18

08　14

GLG

03

05

ヘアスタイルのほぼすべては、G、L、GL、LG、GLG、LGLに当てはまる

左の表のLGL、GLといった記号は、上からGとLの構成を示したものです。例えば、LGLだとトップがL、ミドルがG、アンダーがLという構成になっているということになります。そういった視点で見ると、ヘアスタイルはほぼG、L（すべてがG、またはLでカットされているもの）、LGL、LG、GLG、GLの6つに分けられます。また、この表から同じGとLの構成でも、レングスやGとLの入る量の違いによって、全く異なるデザイン、印象になるということがわかると思います。反対に、アウトラインの長さとエクスターナルの構成が同じ06と07は一見すると同じスタイルに見えますが、インターナルの構成は異なります。（後頭部の丸みを比べてみると、その違いがわかると思います）。人間に対応していくときは、この違いが大きなクオリティの差につながっていくので、フォルムや髪の重なりの違いをきちんと見極められるようになりましょう。

DESIGN DRILL

A1 インターナルとエクスターナルを分析してみよう

インターナルとエクスターナルを分析

10 カジュアル

インターナル **L**
エクスターナル **L**

トップがやや短めのショートレイヤー。エクスターナルもインターナルもLでカットしている。

06 カジュアル

インターナル **L**
エクスターナル **LGL**

ハイレイヤーだが、エクスターナルの一部（耳〜こめかみ辺り）はG。バックはフラットになっている。

12 ベーシックスタイル

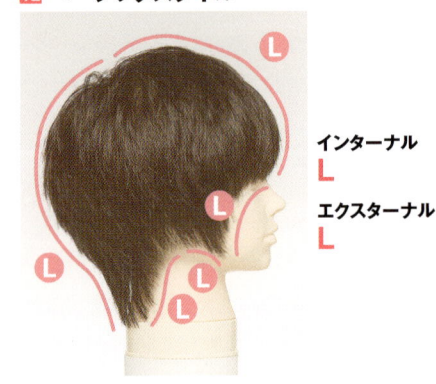

インターナル **L**
エクスターナル **L**

ほぼ全頭が、セイムレイヤー状にカットされている。

11 フェミニン

インターナル **LGL**
エクスターナル **GL**

インターナルのGとエクスターナルのG、後頭部の丸みと、顔周りの適度な重さで大人っぽい印象に。

07 ナチュラル

インターナル **LGL**
エクスターナル **LGL**

一見06と同じスタイルに見えるが、後頭部にGが入っているので丸みがあり頭の形がきれいに見える。

14 カジュアル

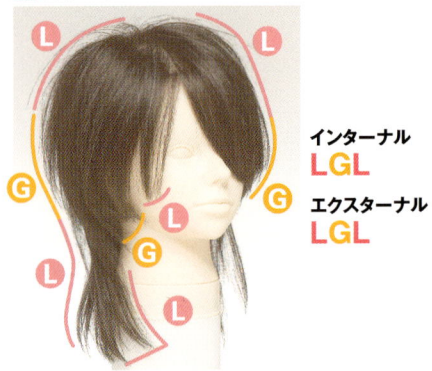

インターナル **LGL**
エクスターナル **LGL**

髪に長短があり、顔周りも短く、フォルムにメリハリが利いていて、若々しい印象。

18 フェミニン

インターナル **LGL**
エクスターナル **LGL**

後頭部に丸みがあり、前髪も長いため、大人っぽくフェミニンな印象。

08 カジュアル

インターナル **LGL**
エクスターナル **LGL**

14と同じ構成だが、08の方がGの幅が狭いので、ややフラットなフォルムになる。

13 ナチュラルフェミニン

インターナル **GL**
エクスターナル **GL**

トップがGでLが入っていないので18に比べて、重めになっている。

ここでは、これを身につけるべし！

インターナルとエクスターナルのGとLの構成を分析していこう。どの部分にどのくらいGが入っているのか、Lが入っているのか、スタイルをじっくり見ながら考えてみること。また、エクスターナルが同じでもインターナルが異なるとどのように形や印象が変わるのか、またはその反対のケースはどうなるのかなど、比較しながら考えてみよう。

01 ベーシックスタイル
インターナル **G**
エクスターナル **G**

ワンレングスにカットしているため、全体が重いGになっている。

15 ベーシックスタイル
インターナル **G**
エクスターナル **G**

いわゆるグラデーションボブ。エクスターナルはワンレングスのG構成になる。

16 ベーシックスタイル
インターナル **G**
エクスターナル **G**

マッシュルーム。エクスターナルまでGがかかるため、アウトラインも丸みをおびている。

02 エレガント
インターナル **LG**
エクスターナル **LG**

裾の重さ（G）とトップの軽さ（L）による、メリハリのあるフォルムがエレガントな印象。

17 ストリート
インターナル **LG**
エクスターナル **G**

アウトラインに厚さと丸みがあるが、フォルムはコンパクトなので、トップがLだとわかる。

09 カジュアル
インターナル **LG**
エクスターナル **GL**

ディスコネクトされ長く残っているサイドの毛先と、バックのウエイト感のコントラストが利いたスタイル。

04 モードカジュアル
インターナル **GL**
エクスターナル **GL**

トップのGによって丸みが強調された、モードな印象のミディアムヘア。

05 クラシックエレガント
インターナル **GLG**
エクスターナル **GL**

顔周りとネープのGによりコンサバティブでカチッとした印象に。

03 ストリート
インターナル **GLG**
エクスターナル **GL**

インターナルのGがLに挟まれて、丸みがありつつ縦長のフォルムに。ストリートタッチの長めショート。

前髪のバリエーション

前髪はベースとは別に独立してつくることが多く、デザインをする時には、似合わせに大きく関わってくる部分です。
最後に、前髪について学んでいきましょう。

前髪の幅の違い

前髪の幅が狭いとフォルムは重く見え、幅を広くすればするほど、フォルムが軽く見える。また、前髪の幅が広くなり、**04,05**のように一定のラインを越えたあたりからフォルムを壊し、デザインそのものが変わってくる。また、前髪の幅を広く取るほど、アゴのラインを強調する。そのため、エラが張っている人や丸顔の人には、**05**のようにあまり幅広く取らないほうが似合わせやすい。逆にアゴのラインに自信がある人は、美しさがそのまま表に出てくるので似合わせやすくなる。

目の見え方

前髪で目をどう出すかによって、印象が非常に変わる。片目を隠すと、大人っぽく、クールな印象になる。また、目が出るほどかわいらしく、キュートな印象になる。**03**のようなMバングは目の離れている人には似合わせやすいが、目の寄っている人には余計に寄り目に見えてしまうのであまり向かない。**01**は額が広い人にも、狭い人にも似合わせにくいので、前髪の長さ、額の隠し方が重要になる。額の狭い人は**05**のようなフルバングが似合わせやすい。

前髪というのは、いわば顔に着せる洋服です。洋服というのは身体をきれいに見せることを追求していますよね？ それと同じで前髪は、顔を小さく見せたり、目鼻立ちをカバーしたり、いろいろな表情付けをしたりする役割があります。そのために、フォルムに対して、どのような幅で、どのくらいの長さで前髪を設定するか、そして顔周りの髪が動く中で、どんな風に肌を見せていくかが重要になります。また、日本人はフラットな顔立ちの人が多いので、顔の中央の部分、つまり鼻の部分が高く見えるように設定したり、トップに高さを出したりして、顔を立体的に見せたりすることが大切になります。以下で、前髪の効果について見ていきましょう。

肌の見え方

肌は見せすぎると色気が無くなるし、隠しすぎても色気がない。かといって、**04**のようにただ単に片方だけ出して、片方だけ隠しても色気が出てくるわけではない。つまり動きや質感を加えた中で、肌をどのように見せるかが重要になってくる。また、肌が隠れれば隠れるほどモード性が強くなり（**01**）、逆にある一定のラインを越えて、顔をバンと出しても（**05**）モードな印象になる。

ラインの引き方

前髪とは、フォルムの中に新しいラインを引くこと。ラインの重なり合いになるので、距離の取り方や厚みのバランスが大切になる。例えば、**02,03**のように前髪の厚みが変わるだけでも印象は変わる。**01**のように前髪が長いものは、フォルムと厚みを合わせて一体化することで立体感を出している。また、**01,05**のようにシンメトリーに前髪をつくると強烈なインパクトが生まれる。**02〜04**のようにラインが増えるとポップ感が表現される。

Hair:TAKAHIRO UEMURA
Color:EMI YOSHIMURA
Make-up:ATSUKO OTA
（すべて DADA CuBiC）
Photo:URARA OGASAWARA
（Shinbiyo）

植村隆博（DADA CuBiC）

うえむら・たかひろ　1969年、静岡県生まれ。静岡と東京のサロンを経て、1990年、渡英。1993年『ヴィダル・サスーン』に加わり、スタッフ専門のトレーナーとして教育に携る。同年、クリエイティブ集団『DADA』を結成。1997年、帰国後サロンをオープンし、2003年『DADA CuBiC』としてサロンを拡張。現在、多忙なサロンワークの傍ら、美容師に向けた教育機関『D.D.A』の講師も務める。2002年、2003年、JHAグランプリ受賞。

1960年代、マリー・クワントのショーで、ヴィダル・サスーンがヘアを担当し、ミニスカートのモデルたちが「ファイブポイント」スタイルで出てきたとき、時代の気分とあいまって、歴史が大きく動いたと思う。僕が次の世代に望むのは、そんな時代を変えられるような美容師が生まれることです。

僕は、これからの若い世代に期待しています。インターネットなど情報化が進んだ中で、小さい頃からいいヴィジュアルに触れて育っているから、僕たちの世代よりもセンスがいいはず。だからこそ、「テクニックを身につける」という段階は早いうちにクリアしてしまって、デザインを語り、クリエイションに向かえる美容師になってほしい。

そんな思いから、今回の『デザインドリル』は生まれました。僕がBASICにこだわっているのは、これを理解していないと、いつまでもデザインができるようにならないからです。誤解を恐れずに言えば、今までのBASICとは、いくつかのスタイルの切り方をマスターするというものがほとんどでした。僕自身もパターンで切っていた時代が長く、そこから抜け出すのにかなりの時間が必要でした。

これからの教育は、そんな風にカットを学ぶ人たちを遠回りさせないものが必要です。カットの「核」となるもの、それさえつかんでしまえば、そこから自由に広げていける本当の「基礎力」を身につけさせることが求められています。そのための第一弾であり、新しいBASICとして提案するのが、この本でお伝えしている内容です。

ただし、これを身につけたからといって、トレーニングの終わりではありません。サロンワークではそれを短時間で切れる能力が問われるし、人間の場合、クセや髪質など素材そのものが変わってくるので、再現性を高めるドライプロセスにおけるゾーンセニングなどの技術も必要になります。

この本を入り口として、一つひとつの技術を身につけてステップアップし、お客様から信頼されるプロフェッショナルになってください。そして、100人お客様がいたら、100人大満足させられるような美容師になって、その次のステップとして、クリエイションに向かえるようになってほしいと思います。

今僕が、こうして多くのお客様に支持してもらえ、みなさんの前で表現できるのも、美容に出会えたからこそ。そして、シザーを持つ右手と、様々なフォルムを作り出す左手があるからこそだと思います。ですから、この本を読んでいるみなさんが、左手をコントロールできるようになり、いつか、その両手で夢をつかめることを願っています。

美容の未来を築く
すべての美容師たちへ——

植村隆博（DADA CuBiC）

DESIGN DRILL
デザインドリル
フォルムコントロールのための"超"BASIC
(ウルトラ)

STAFF

All Technique & Design
TAKAHIRO UEMURA(DADA CuBiC)

Diagram & Cut assistant
SHUHEI SAITO(DADA CuBiC)
and DADA CuBiC all staff

Art Directer
KOJI AOKI(Aleph Zero, inc.)
MAMI SHINDO(Aleph Zero, inc.)

Illustration
JUNICHI KIMURA

Photographer
RYUJI ATARASHI(Shinbiyo)
URARA OGASAWARA(Shinbiyo)

Editor
KUMIKO ARAI(Shinbiyo)

ウイッグ協力　(株)レジーナ

定価／(本体4,800円＋税)検印省略
2008年4月24日　第1刷発行
2019年8月8日　第5刷発行

著者
植村隆博(DADA CuBiC)

発行者
大久保 淳

発行所
新美容出版株式会社
〒106-0031 東京都港区西麻布1-11-12

編集部
TEL：03-5770-7021

販売部
TEL：03-5770-1201 ／ FAX：03-5770-1228
http://www.shinbiyo.com

振替
00170-1-50321

印刷・製本
凸版印刷株式会社

© TAKAHIRO UEMURA&SHINBIYO SHUPPAN Co.,Ltd.
Printed in JAPAN 2008